AF291756

INHALT

INHALT 2

EINFÜHRUNG...5
    Der abhängige Partner 5
    Wie sich Codependenz entwickelt 6

KAPITEL 1. WAS IST KODEPENDENZ UND WAS NICHT?.............................9
    Definition von Co-Abhängigkeit 9
    Ist Co-Abhängigkeit eine Sucht?...9
    Warum ist der Prozentsatz der Co-Abhängigen überwiegend weiblich?......10
    Was ist Co-Abhängigkeit nicht? 11

KAPITEL 2. DIE STADIEN DER CODEABHÄNGIGKEIT 13
    Frühe Stadien des abhängigen Verhaltens 13
    Mittlere Stadien der Co-Abhängigkeit 14
    Endstadium der Co-Abhängigkeit und Genesung 15

KAPITEL 3. ANZEICHEN VON CO-ABHÄNGIGKEIT 16

KAPITEL 4. WIE MAN ERKENNT, OB MAN SICH IN EINER ABHÄNGIGEN BEZIEHUNG BEFINDET 20
    Anzeichen von Co-Abhängigkeit in Beziehungen 20
    Symptome einer kodexabhängigen Beziehung 22

KAPITEL 5. WIE MENSCHEN CO-ABHÄNGIG WERDEN 25

KAPITEL 6. ERHOLUNGSZIELE...28
    Die Bedeutung von Zielvorgaben...28
    Kurzfristige Ziele 29
    Langfristige Ziele 29
    Sind Sie bereit anzufangen?..30
    Was passiert, wenn Sie ausrutschen?..31
    Moment der Reflexion 32

KAPITEL 7. SYMPTOME DER CODEABHÄNGIGKEIT 33
    Versteckte Schande 33
    Geringes Selbstwertgefühl...34
    Nice-Being und People-Pretzel 35
    Schuld - "Es tut mir immer leid" 36
    Die schwer fassbare Suche nach Perfektion 36

KAPITEL 8. CO-ABHÄNGIGE UND IHRE PERSÖNLICHKEITEN................38

Missbräuchliches Verhalten 38

Niedriges Selbstwertgefühl Verhalten 39

Verweigerungsverhalten 40

Verhalten des Opfers 41

KAPITEL 9. NARZISSTISCHE ABHÄNGIGKEIT UND CODEABHÄNGIGKEIT 42

Die Beziehung zwischen Narzissmus und Co-Abhängigkeit 42

Die Rollen innerhalb einer narzisstischen Beziehung 43

Narzissmus in der Kindheit 45

KAPITEL 10. WIE MAN EINE KODEXABHÄNGIGE BEZIEHUNG ÄNDERT 46

Überwindung von Eifersucht und Ängsten in Beziehungen 48

KAPITEL 11. WIE MAN VERSTEHT/ERKENNT, OB MAN CO-ABHÄNGIG IST 51

Geringes Selbstwertgefühl 51

Das Bedürfnis, andere zu retten 51

Kontinuierliche Verleugnung (Selbstverleugnung) 51

Das Bedürfnis, Menschen zu verwöhnen 52

Dysfunktionale Abgrenzungen 52

Geringe emotionale Ausdrucksfähigkeit 52

Zu viel Sucht und Angst vor Ablehnung 52

KAPITEL 12. CO-ABHÄNGIGES VERHALTEN UND VERSCHIEDENE ARTEN 54

Der Märtyrer 54

Der Erlöser 55

Der Berater 55

Der Publikumsliebling 56

Der "Ja-Sager" 56

Co-Abhängigkeit in der Kindheit 56

KAPITEL 13. WIE MAN SELBSTWERTGEFÜHL UND SELBSTLIEBE AUFBAUT, UM DIE CO-ABHÄNGIGKEIT ZU ÜBERWINDEN 58

Finden und kennen Sie Ihre Werte 58

Machen Sie Selbstvertrauen zu einem wichtigen Teil von Ihnen 59

Üben Sie, wie man "Nein" sagt 60

Erkennen Sie Ihr Bedürfnis zu gefallen und arbeiten Sie daran 60

Selbstakzeptanz üben 61

Achtsamkeit üben 61

KAPITEL 14. TIPPS UND RATSCHLÄGE ZUR ÜBERWINDUNG DER CO-ABHÄNGIGKEIT 63

KAPITEL 15. SCHRITTE ZUR EROBERUNG DER FREIHEIT 67

KAPITEL 16. AUFBAU GESUNDER UND GLÜCKLICHER BEZIEHUNGEN......................70

    Kommunikation ist das Nonplusultra...70

    Vergebung üben...70

    Die fünf Sprachen der Liebe verstehen...72

    Einander respektieren 72

KAPITEL 17. EIN STARKES SELBSTWERTGEFÜHL ENTWICKELN......................74

    Behandeln Sie Ihren inneren Kritiker...74

    Eine Haltung der Dankbarkeit kultivieren 74

    Dinge schriftlich festhalten..75

    Hören Sie auf, ein Perfektionist zu sein.......................................76

    Betrachten Sie Fehler und Misserfolge als Lektionen..................76

    Hören Sie auf, sich mit anderen zu vergleichen...........................77

    Umgeben Sie sich mit Menschen, die Sie unterstützen...............77

EINFÜHRUNG

Kodependenz ist ein emotionaler Zustand, der sich im Wesentlichen als unsere verhaltensbedingte Unfähigkeit zeigt, eine Beziehung zu anderen Menschen auf gesunde, für beide Seiten vorteilhafte Weise zu gestalten. Ein kodependenter Partner kann als eine Beziehung mit Sucht beschrieben werden. Der Co-Abhängige möchte seinen unverantwortlichen, unbekümmerten Partner behalten, dessen Aufmerksamkeit von anderen Dingen außerhalb der Partnerschaft abgelenkt oder auf diese gerichtet ist. Der Partner hat normalerweise entweder eine Form der Abhängigkeit wie Alkohol oder andere Substanzen, weist eine chronische oder psychische Krankheit auf oder kann im Allgemeinen in der Familie nicht so funktionieren, wie es von ihm erwartet wird. Der gleichgültige Partner, der der eigentliche Grund zur Besorgnis in der Familie ist, ist alkohol-, drogen-, arbeits-, essens-, beziehungs-, glücksspiel- oder sexsüchtig und weist häufig körperliche, emotionale und sexuelle Misshandlungen auf, die ausgeprägt oder leicht sein können, sowie einen ungewöhnlichen chronischen Geisteszustand oder eine anhaltende körperliche Krankheit, die als Grund für die Notwendigkeit von Hilfe und Rettung angesehen werden könnten.

Der abhängige Partner

Der abhängige Partner opfert seine eigenen Bedürfnisse und setzt seine Energie für seinen süchtigen oder kranken Partner ein. So kräftezehrend diese Praxis auch sein mag, sie geht so weit, dass sie ihre eigenen Bedürfnisse, Wünsche und sich selbst ignoriert. Der Co-Abhängige hat ein geringes Selbstwertgefühl und versucht, seine Gefühle durch äußere Reize zu beruhigen, um sich besser zu fühlen. Es ist äußerst schwierig, man selbst zu sein, wenn man von anderen abhängig ist. Und wenn man nicht aufpasst, kann man auch in Süchte geraten, um sich zu trösten oder Stress abzubauen.

Auch wenn ihre Absichten für ihren Partner gut sein mögen (sie versuchen, sich um ihren kranken Gefährten zu kümmern), wird die Aufgabe immer größer und anstrengender. Die Handlungen der Barmherzigkeit neigen dazu, die Verhaltensweisen des abhängigen Mitglieds zu verstärken oder zu rechtfertigen, und es ist für sie in Ordnung, bedürftig zu bleiben, ohne zu versuchen, sich zu verbessern. Der Co-Abhängige seinerseits denkt, dass er durch seine barmherzigen Handlungen von seinem Partner gebraucht und anerkannt wird. Es ist ein giftiges doppeltes Zusammentreffen von Bedürfnissen für beide, aber der Bedürftige ist gleichgültig. Co-Abhängige entwickeln Verhaltensweisen, die sie zu Opfern machen, und sie verlieren die Fähigkeit, sich von ihrem Partner zu lösen und in die dringend benötigte Freiheit zu gelangen. Solche Verhaltensweisen können die folgenden sein:

- Zeigt ein übertriebenes Verantwortungsgefühl für die Handlungen des Partners.
- Verwechselt zwischen Liebe und Mitleid. Es ist wahrscheinlich, dass sie jemanden lieben, den sie für verletzlich halten, weil sie ihn retten oder aus einer Situation herausholen wollen.
- Sie tun ständig mehr, als von ihnen verlangt wird.

- Sie sind leicht verletzt, wenn ihr Partner die Anstrengungen, die sie unternehmen, nicht anerkennt.
- Sie hängen zu sehr von der Beziehung ab, um ihr Gleichgewicht zu halten. Sie halten an der Beziehung fest und versuchen, ihren Wert durch ihre Werke zu beweisen, aus Angst, verlassen zu werden.
- Er ist in hohem Maße auf die Zustimmung und Anerkennung seines Partners angewiesen.
- Fühlt sich schuldig, wenn er versucht, sich durchzusetzen. Sie denken, sie seien zu anspruchsvoll oder würden ihren Partner verärgern.
- hat den Drang, den Partner zu kontrollieren, ohne Rücksicht auf dessen Hilfsbedürftigkeit.
- Paradoxerweise haben sie nicht genügend Vertrauen in sich selbst und in ihren Partner.
- Hat Schwierigkeiten, Gefühle zu erkennen und zu differenzieren.
- Sie ändern sich nur dann gewaltsam, wenn sie keine andere Wahl haben.
- Sie erkennen nur selten intime Grenzen an und können sich daher ihren Partnern gegenüber aufdringlich verhalten.
- Zeigt chronische Wut, die sie manchmal dazu veranlasst, bei der Kompensation unehrlich zu werden.
- Aus ihrer übermäßigen Achtsamkeit heraus können sie ziemlich schlecht kommunizieren.
- Hat im Allgemeinen Schwierigkeiten, auch nur die einfachsten Entscheidungen zu treffen.

Wie sich Codependenz entwickelt

Bei den meisten Menschen hat die Co-Abhängigkeit ihre Wurzeln in der Erziehung, vor allem als sie noch Kinder waren.

Kinder sind leicht zu beeinflussen. Ihnen fehlen die kognitiven Fähigkeiten und die Erfahrung, um zu erkennen, dass sie oder ihre Eltern in ungesunden Beziehungen zueinander leben. Für sie haben die Eltern immer Recht, sagen die Wahrheit, lehren gute Werte und verfügen über ausreichende Fähigkeiten, um zu führen und Beziehungen aufzubauen. Ein Kind, das in einer dysfunktionalen Familie aufwächst, in der es von weniger angesehenen Menschen unterrichtet und behandelt wird, glaubt schließlich, dass es nicht zählt. Sie betrachten sich selbst als das Letzte nach allen anderen und werden wahrscheinlich in ihren Jahren der Reife und Verantwortung familiäre Probleme verursachen und erleben. Schauen wir uns zunächst einige Verhaltensweisen an, die für dysfunktionale Familien charakteristisch sind:

- **Ungeordnet und unberechenbar:** Jeder tut alles, jederzeit und auf seine Weise, uneinheitlich
- **Unkooperativ: Es** mangelt an Interesse und Koordination zwischen den Mitgliedern.
- **Unheimlich und unsicher: Die** Mitglieder unterhalten sich und tauschen sich auf irrationale bis extreme Weise aus.
- **Vernachlässigung: Die** Mitglieder sind im Allgemeinen unsensibel gegenüber den Bedürfnissen der anderen.
- **Manipulativ: Die** Mitglieder versuchen, sich gegenseitig einen Vorteil zu verschaffen.

- **Schuldzuweisungen:** Jeder hat das Gefühl, dass der andere immer im Unrecht ist oder alle Probleme verursacht.
- **Übermäßig streng oder unmanierlich:** Sie gehen offen und rücksichtslos gegeneinander vor.
- **Beschämend:** Sie weisen auf die Schwächen und Fehler des anderen hin, um ihn zu beschämen.
- **Verleugnung:** Sie erkennen nicht, dass sie innere Probleme haben, die sie untereinander oder mit externer Unterstützung angehen sollten.
- **Geheimniskrämerei: Die** Mitglieder verschweigen sich gegenseitig Einzelheiten, und Fehler in der Familie werden intern verheimlicht.
- **Überkritisch: Die** Mitglieder sind nicht barmherzig zueinander, sondern urteilen untereinander.
- **Unaufmerksam: Die** Mitglieder achten nicht auf die Bedürfnisse der Familie und sind von einander abgelenkt.
- **Anspruchsvoll:** Sie erwarten, dass jedes Mitglied perfekt ist, auch die jungen, und stellen daher unrealistische Ansprüche an die anderen.

Dysfunktionale Familien neigen dazu, den Kindern die Schuld für auftretende Fehler zu geben. Wenn das Kind von solchen Kommentaren verschont bleibt, wird ihm gesagt, dass es kein Problem gibt. Das ist für das Kind verwirrend, denn wenn es ein Problem gibt, weiß es das intuitiv. Auch wenn es für etwas verantwortlich gemacht wird, für das es nicht verantwortlich ist, ist ihm das bis zu einem gewissen Grad klar. Gemischte oder widersprüchliche Botschaften der Bezugspersonen verzerren im Allgemeinen das Verständnis und die Gefühle des Kindes. Dies wird zu einem andauernden entwertenden Verfahren, das das Kind zu dem Schluss kommen lässt, dass es ein Problem für die Familie ist.

Ein Kind, dessen Gefühle niemals bestätigt oder dessen Gedanken bestätigt werden, kommt zu dem Schluss, dass es schlecht, dumm, unwürdig und unfähig ist und der Grund für die Dysfunktion der Familie. Die Co-Abhängigkeit der Erwachsenen hat ihre Wurzeln in dieser Kindheitserfahrung und der daraus resultierenden Überzeugung. Eine häusliche Umgebung in der Kindheit, in der Unterstützung und Pflege unbeständig sind, macht das Kind dazu:

- **Das Kind übernimmt die** Rolle des Erziehers im Haushalt, kümmert sich um die Geschwister, bezahlt die Rechnungen, bereitet die Mahlzeiten zu und hat manchmal Verständnis für die Eltern und kümmert sich um sie, wenn sie betrunken sind oder sich unangemessen oder schwach gegenüber ihren Pflichten verhalten. Sie entwickeln das Gefühl, dass sie einspringen müssen, damit alles in Ordnung ist und läuft, damit nicht alles unter den Augen aller schief geht.
- **Betrachten Sie die Menschen, die sie lieben, eher als verletzend denn als lindernd:** Ein emotional und manchmal auch körperlich verlassenes, ausgebeutetes, bedrohtes, betrogenes oder verletztes Kind reift in dem Glauben heran, dass das Leben in der Familie nur Ausdauer ohne Freude erfordert. Sie lassen sich von ihren Freunden und Partnern im späteren Leben

durchsetzen, während sie ihrerseits immer wieder denken, dass sie sich in Geduld üben müssen, wenn sie die Familie zusammenhalten wollen.

- **Streben danach, anderen mehr zu gefallen als sich selbst: Die** Unsicherheit über die Bedeutung der eigenen Gedanken und Gefühle führt dazu, dass man die Kontrolle über Ereignisse verliert, die einen selbst betreffen. Sie versuchen weiterhin, ihrem Partner oder anderen Menschen zu gefallen, in der Illusion, auf diese Weise die Kontrolle zu übernehmen. Aus Angst nehmen sie nie offen Stellung zu Fragen, denen sie zustimmen oder in denen sie nicht zustimmen. Sie hoffen, dass sie durch ihr Entgegenkommen mit einem gewissen Selbstwertgefühl und emotionaler Erfüllung belohnt werden.

- **Probleme mit emotionalen Grenzen:** Das Kind reift heran, ohne den Mut zu haben, zu sagen, wie weit es sich auf etwas einlassen oder Menschen an sich heranlassen kann. Sie sind ständig darauf aus, es allen recht zu machen und jeden zu unterhalten, oder sie sind zurückgezogen und verschlossen und nicht bereit, ihrem Partner zu vertrauen. Letztlich reift man heran, ohne Leitwerte und Prinzipien für das eigene Leben zu definieren.

- **Schuldgefühle:** Das Kind fühlt sich schuldig für die falschen oder schlechten Dinge, die es gar nicht verursacht hat. Es hat das Gefühl, dass der Unfug in der Familie auf seine Unfähigkeit zurückzuführen ist, ihn zu beheben. Selbst wenn es sich ungerechtfertigt anfühlt, glaubt es, dass es noch etwas tun könnte, um es wieder gut zu machen. Das Gefühl, dass sie die Dinge nicht absolut in Ordnung bringen können, prägt ihre Gedanken und Gefühle der Unzulänglichkeit auf bösartige Weise.

- Sie **werden übermäßig ängstlich:** Unsicherheiten in der Kindheit aus Angst vor unheimlichen Momenten und deren häufiges unerwartetes Auftreten lassen sie reifen, immer in Angst vor dem nächsten Moment von ihrem Partner. Selbst wenn die Dinge in den aktuellen Momenten glatt zu sein scheinen, fürchten sie ständig, dass sie von ihrem Partner bestraft oder verlassen werden, wenn sie sich nicht auf bestimmte verbesserte Weise verhalten oder bestimmte verdienstvolle Handlungen ausführen.

- Sie **werden überempfindlich:** Sie reifen in dem Glauben, dass etwas an ihnen fehlerhaft ist, und sie müssen sich bemühen, es zu unterdrücken, zu verstecken oder zu überspielen. Dies führt dazu, dass sie sich ihrer Gedanken und Handlungen übermäßig bewusst sind und sich selbst als uninteressant für ihren Partner und alle um sie herum betrachten.

- Sie **werden weniger vertrauensvoll:** Das ständige Gefühl des Verrats und der Ausbeutung führt dazu, dass sie ihrem Partner und ihrem Gegenüber ihr Wohlbefinden nicht anvertrauen. Damit versuchen sie, sich vor künftigen Verletzungen zu schützen. Dies führt dazu, dass sie sich der Intimität und der Verbindung mit dem Partner verschließen.

Weitere Folgen sind u. a. ein ständiges Gefühl der Einsamkeit, die mangelnde Bereitschaft, Hilfe anzunehmen, Überverantwortung und Diktatur. Wenn Sie die Ursache für Ihre Co-Abhängigkeit verstehen und wissen, wie Sie in diese Abhängigkeit geraten sind, können Sie Ihre Korrekturstrategien besser anwenden.

KAPITEL 1. WAS IST KODEPENDENZ UND WAS NICHT?

Ich gehe davon aus, dass das Konzept der Co-Abhängigkeit für Sie völlig neu ist; deshalb möchte ich Ihnen einen Überblick geben. Jede Beziehung hat ihre Höhen und Tiefen. Manchmal hat man das Gefühl, dass man sehr verliebt ist, und dann gibt es Zeiten, in denen die andere Person einen enttäuscht oder verletzt. Genau wie das süchtige Verhalten, das Süchtige gegenüber Drogen an den Tag legen, verhält es sich bei Co-Abhängigen in Beziehungen ähnlich. Das Leben eines Co-Abhängigen dreht sich immer um jemand anderen, d. h. um die Person oder die Personen, die sie lieben. Sie wissen nicht, wie sie für sich selbst leben sollen, und ihre Gedanken sind immer mit den Menschen beschäftigt, die sie lieben.

Definition von Co-Abhängigkeit

Es gibt keine offizielle Definition von Co-Abhängigkeit. Auch heute noch ist sie weltweit ein viel diskutiertes Gesprächsthema. Eine vorläufige Definition des Begriffs wurde jedoch im Jahr 1989 auf einer nationalen Konferenz von 22 führenden Persönlichkeiten geprägt, die feststellten, dass es sich bei der Co-Abhängigkeit um eine Art von schmerzhafter Abhängigkeit handelt und dass sie ein typisches Verhalten beinhaltet, das die Anerkennung durch andere und zwanghaftes Verhalten einschließt, das alles auf der Suche nach Selbstwert, Sicherheit und Identität geschieht.

Ist Co-Abhängigkeit eine Sucht?

Im Jahr 1988 sagte der Psychiater Timmen Cermak, dass die Co-Abhängigkeit als Krankheit bezeichnet werden sollte. Ja, sie als Krankheit zu bezeichnen, klingt etwas morbide, aber was er damit sagen wollte, war, dass Co-Abhängigkeit ein Zustand ist, der fortschreitende Symptome aufweist und das normale Funktionieren einer Person stark beeinträchtigen kann. Manche Menschen sind strikt dagegen, dass der Co-Abhängigkeit das Etikett der Krankheit aufgedrückt wird. Sie sind der Meinung, dass dies entmutigt, stigmatisiert und auch zu einer Entmachtung der Person führt, die eigentlich versucht, den Weg der Genesung zu beschreiten. Diese Leute behaupten, dass die Kennzeichnung als Krankheit die Menschen nur glauben lässt, dass sie keine Kontrolle über das Problem haben und daher keine Chance auf Heilung haben. Andere sind jedoch nicht dieser Ansicht. Sie sind stattdessen der Meinung, dass die Strafbehandlung und die Scham, die mit der Sucht einhergehen, beseitigt werden, wenn man die Co-Abhängigkeit als Krankheit bezeichnet. Diese Menschen sind der Meinung, dass die Abhängigkeit als eine Form der körperlichen Krankheit betrachtet und mit Empathie behandelt werden sollte.

Ob Sie Co-Abhängigkeit als Krankheit oder als Sucht betrachten, ist allein Ihre Entscheidung, aber Sie sollten wissen, dass eine Genesung möglich ist, unabhängig davon, was Sie als Krankheit betrachten.

Warum ist der Prozentsatz der Co-Abhängigen überwiegend weiblich?

Es hat sich herausgestellt, dass Frauen einen größeren Anteil an der Co-Abhängigkeit haben als Männer, und das liegt vor allem an diesen Gründen:

- **Biologisch:** Frauen neigen dazu, sich nach Beziehungen zu sehnen, als ob sie dafür verdrahtet wären. Sie haben auch eine hervorragende Fähigkeit, sich leicht an andere zu binden, und sind viel sensibler für Gefühle. Sie werden feststellen, dass sich Männer in Stresssituationen oft auf irgendeine Art von Aktion vorbereiten, während Frauen sich mit anderen anfreunden.

- **Entwicklungsbedingt:** Es ist auch zu beobachten, dass sich Mädchen beim Aufwachsen als Kinder mehr auf ihre Eltern verlassen, und sie sind auch emotional stärker involviert. Schon in der Kindheit fürchten sie sich am meisten davor, jemanden zu verlieren oder eine Delle in einer Beziehung zu bekommen. Sie akzeptieren die elterlichen Werte in ihrem Leben stärker, was sich aus ihrer Natur ergibt. Sie neigen auch dazu, Angstsymptome zu zeigen, wenn ihre emotionale Bindung zu ihren Eltern durch eine Trennung bedroht ist. Eine der größten Herausforderungen, denen sie sich im Leben stellen müssen, ist daher die Autonomie. Jungen hingegen lernen, ihre männliche Identität zu entwickeln, indem sie sich von ihren Eltern trennen. Ihre größte Herausforderung ist die Intimität.

- **Politisch:** Im Laufe der Jahrzehnte und Jahrhunderte waren Frauen immer wieder Unterdrückung ausgesetzt. Sie wurden an den Rand gedrängt und des gleichen Zugangs zu Rechten, Geld und Macht beraubt. Frauen sind seit Generationen durch sexuellen und körperlichen Missbrauch traumatisiert. Auch Männer waren damit konfrontiert, aber Frauen in weitaus größerem Ausmaß. Dies hat ihr Selbstwertgefühl auf ein extremes Tief gesenkt.

- **Religion:** Frauen wird in der Gesellschaft oft eine untergeordnete Rolle zugeschrieben, insbesondere gegenüber Männern. Der Grund dafür ist das weit verbreitete Patriarchat in fast allen Kulturen. Frauen sind oft einem Zustand ausgesetzt, in dem sie sich ihren männlichen Begleitern oder Vormündern unterordnen müssen. Außerdem haben sie in allen Lebensbereichen weniger Freiheiten und erhalten eine geringere Bildung.

- **Kulturell:** In den meisten Kulturen der Welt werden Mädchen stärker eingeschränkt und haben weniger Möglichkeiten zur Selbstständigkeit. Die gesellschaftlichen Normen und die hormonellen Veränderungen ermutigen die Jungen, selbständig und rebellisch zu sein. Dadurch erhalten sie viel mehr Freiheiten.

- **Gesellschaftliche Faktoren:** Frauen neigen immer mehr zu Depressionen und einem geringeren Selbstwertgefühl. Ich will damit nicht sagen, dass dies irgendwie mit der Co-Abhängigkeit zusammenhängt, aber es hängt definitiv davon ab, wie die Gesellschaft eine Frau behandelt. Eine von Dove durchgeführte Studie ergab, dass 40 % der befragten Frauen mit ihrem Aussehen unzufrieden sind. Die Gesellschaft hat schon immer unrealistische Standards für Frauen gesetzt, mit Airbrush-Modellen auf den Titelseiten von Zeitschriften. Und all dies beginnt bereits in der Kindheit, wo einige Mädchen sogar selbstzerstörerisches Verhalten zeigen.

Was ist Co-Abhängigkeit nicht?

Wenn Sie wirklich verstehen wollen, was Co-Abhängigkeit ist, dann müssen Sie auch wissen, was sie nicht ist. Häufig verwechseln die Menschen diesen Begriff mit Abhängigkeit oder Fürsorge. Aber es ist nichts, was auch nur annähernd damit zu tun hat.

Pflegen ist keine Co-Abhängigkeit

Menschen, und insbesondere Frauen, neigen dazu, andere, auch Kinder, zu pflegen und sich um sie zu kümmern. Das beste Beispiel ist eine Mutter, die alles für ihr Kind tut, was sie kann. Sie sollten diese Fürsorglichkeit nicht mit einer abhängigen Fürsorge verwechseln. Das liegt vor allem daran, dass im Fall der Co-Abhängigkeit der Anteil des Nehmens viel höher ist als der des Gebens. Fürsorge ist etwas, das aus Entbehrung und Not entsteht, aber Fürsorge ist etwas, das aus Überfluss entsteht.

Dieses Beispiel soll es Ihnen verdeutlichen. Nehmen wir an, Sie verlassen Ihren Arbeitsplatz, um sich um Ihren schwer kranken Ehepartner zu kümmern. Aber Sie haben Ihre Stelle nicht aufgegeben, weil Sie mehr Zeit mit Ihrem Ehepartner verbringen wollten und Sie dachten, das sei Ihre Priorität. Sie haben ihn aus Schuldgefühlen aufgegeben, weil Sie nicht in der Lage waren, für Ihren Ehepartner da zu sein, als Sie es hätten tun sollen. Sie können alles übernehmen, was mit der Behandlung Ihres Ehepartners zu tun hat, aber Sie bitten niemanden um Hilfe, obwohl Sie wissen, dass Sie sie brauchen. Nach ein paar Tagen fühlen Sie sich dann überfordert und machen sich zu viele Sorgen, obwohl Ihr Ehepartner Sie vielleicht gar nicht so sehr braucht, wie Sie behaupten. Sie kümmern sich nicht um Ihre eigenen Bedürfnisse und fühlen sich auch deswegen schlecht, und Sie sind ständig müde. All dies ist ein Beispiel dafür, dass Sie von Ihrem Ehepartner abhängig sind.

Co-Abhängigkeit bedeutet nicht, freundlich zu sein

Es ist ganz natürlich, dass ein Mensch zu einem anderen Menschen freundlich ist oder ihm hilft. Ein geringes Selbstwertgefühl führt jedoch dazu, dass man sich von anderen abhängig macht, was wiederum kein Akt der Freundlichkeit ist. Abhängige Menschen haben keine Wahl, denn ihre Einstellung ist so, dass sie zu nichts Nein sagen können. Sie helfen anderen nicht, weil sie es wollen. Vielmehr helfen sie anderen aus Angst, Schuldgefühlen oder Unsicherheit. Wenn Sie z. B. normalerweise Essen zum Mitnehmen bestellen oder in günstigen Restaurants essen, aber wenn es um Ihre Freundin geht, lassen Sie sie aus Scham die teuren Restaurants wählen, dann ist das Co-Abhängigkeit. Du lässt dich von der Scham leiten, was deine Freundin von dir denken wird. Das ist keine Freundlichkeit. Du gehst nicht mit ihr in ein teures Restaurant als eine Art große Geste. Sie tun das, um Ihr Selbstbild zu stärken. Wenn Sie Ihre Freundin in ein Luxusrestaurant ausführen, weil Sie denken, dass sie sonst gehen könnte, dann ist das ein Fall von Bestechung, und Sie sind von ihr abhängig. Hätten Sie sie gebeten, sich ein beliebiges Lokal auszusuchen, nur weil es Ihnen egal ist, wo Sie essen gehen, dann wäre das kein Fall von Kodependenz gewesen.

Kodependenz ist keine Interdependenz

Ein von einander abhängiges Paar ist immer mit Machtkämpfen konfrontiert, auch wenn nach außen hin alles normal erscheint. Einer der Partner könnte sich schuldig fühlen, nachdem er vorweggenommen hat, was die andere Person braucht. Auf jede Stimmung oder jedes Gefühl, das sie haben, reagieren sie betroffen. Um sicherzustellen, dass alle ihre Bedürfnisse erfüllt werden, haben sie die Angewohnheit, immer zu versuchen, die Kontrolle zu behalten. Sie fürchten nicht nur die Trennung, sondern auch die Intimität, weil sie ihr unsicheres Selbst bedroht.

KAPITEL 2. DIE STADIEN DER CODEABHÄNGIGKEIT

Praktizierende Psychiater und medizinische Berater haben festgestellt, dass die Co-Abhängigkeit ein progressiver Zustand ist. Die Symptome verschlimmern sich allmählich und ähneln denen eines Süchtigen oder eines Alkoholikers. In den späteren Stadien weisen sowohl Co-Abhängige als auch Alkoholiker oder Drogenabhängige ernsthafte psychische oder körperliche Probleme auf. Wenn die Krankheit nicht rechtzeitig und richtig behandelt wird, kann sie sich genau wie der Alkoholismus in eine Abwärtsspirale verwandeln. Genau wie Alkoholiker zeigen auch Co-Abhängige Verbesserungen, wenn sie behandelt werden. Die Genesung kann bei Co-Abhängigen zu jedem Zeitpunkt eingeleitet werden. Es ist nie zu spät. Doch je früher der Prozess beginnt, desto leichter ist die Krankheit zu behandeln.

In diesem Teil werden die verschiedenen Stadien der Co-Abhängigkeit im Detail betrachtet. Das kann den Lesern helfen, zu erkennen, wie weit sie sich in den Bahnen der Co-Abhängigkeit bewegt haben.

Frühe Stadien des abhängigen Verhaltens

Das frühe Stadium der Co-Abhängigkeit beginnt, wenn der Betroffene übermäßig an ein Thema gebunden ist. Dabei kann es sich um eine Person, eine Substanz oder ein Verhaltensmuster wie das Glücksspiel handeln. Die offenkundige Anhänglichkeit, die bald den Grad der Besessenheit erreicht, führt dazu, dass der Betroffene in ungesunder Weise von der Person abhängig ist.

Es ist möglich, dass wir uns zu einer bedürftigen Person hingezogen fühlen oder uns besonders für ein bestimmtes Familienmitglied engagieren. Wir wollen ihnen ständig helfen und es ihnen recht machen. Allmählich werden wir emotional immer stärker an diese Person gebunden und verlieren dabei den Blick für unser eigenes Leben. Dadurch wird die Beziehung zu einer Besessenheit und beginnt, beide beteiligten Personen zu verletzen.

Um sich von diesem Punkt der Co-Abhängigkeit zu erholen, müssen Sie das Problem offen ansprechen und die Realität der Beziehung anerkennen. Das ist die Voraussetzung dafür, dass Sie diese dysfunktionale, kodependente Realität verändern können. Die Veränderung kann durch alles Mögliche inspiriert werden. Vielleicht könnte der Wunsch, ein glücklicheres Leben mit Ihrem Partner zu führen, Ihren Genesungsprozess von der Co-Abhängigkeit einleiten.

Sie müssen einen Weckruf erhalten. Veränderungen sollten zwingend notwendig werden, und anstatt die Fakten zu ignorieren oder herunterzuspielen, müssen Sie sie als hart, aber wahr akzeptieren. Leugnen bringt uns nicht weiter. Die Genesung von der Co-Abhängigkeit beginnt damit, dass man alle Informationen sammelt, die man bekommen kann, und sich Hilfe von Fachleuten holt. Viele Menschen entscheiden sich für eine Psychotherapie oder ein Zwölf-Schritte-Programm, auf das wir am Ende eingehen werden. Der Genesungsprozess beinhaltet die Wiederentdeckung der verlorenen Identität und das Ablegen der verschiedenen Fassaden oder Verkleidungen, die wir um uns herum aufbauen.

Mittlere Stadien der Co-Abhängigkeit

Im mittleren Stadium der Co-Abhängigkeit zeigen sich bei der Person extreme Symptome wie Verleugnung, schmerzhafte Gefühle und zwanghafte Verhaltensmuster. Gelegentlich kann es zu Gewaltausbrüchen kommen; die Person ist einfach am Ende und muss gerettet werden. Patienten in diesem Stadium verspüren das zwanghafte Bedürfnis oder den Drang, zu kontrollieren und die Macht zu übernehmen. Die Wiedererlangung von Unabhängigkeit, Ausgeglichenheit und Seelenfrieden sind für die Genesung des Patienten, der sich in der mittleren Phase der Co-Abhängigkeit befindet, unabdingbar.

Aufgrund mangelnder Unterstützung und ständiger Verleugnung des Problems gelangen die Menschen in die mittlere Phase der Co-Abhängigkeit. Die Menschen neigen dazu, das Problem zu minimieren und in den Hintergrund zu drängen, um die schmerzhaften Aspekte ihrer Persönlichkeit vor sich selbst und der Welt im Allgemeinen zu verbergen. In der Zwischenzeit nimmt die Sucht der Person, die Kontrolle zu übernehmen, immer weiter zu und vergiftet die Beziehung bis zu einem unumkehrbaren Punkt. Menschen im mittleren Stadium der Co-Abhängigkeit beginnen, mehr zu helfen, um zu kontrollieren. Sie übernehmen Verantwortung, die ihnen nicht zusteht, und überfordern sich bis zum Zusammenbruch. In dieser Phase kommt es aufgrund der zunehmenden Konflikte in der Psyche des Patienten häufig zu verstärkten Stimmungsschwankungen. In dieser Phase der Co-Abhängigkeit verfallen die Betroffenen oft in wechselseitige Abhängigkeiten.

Dies ist die Phase, in der die intensivste Genesung stattfindet. Die Patienten beginnen, sich im Nichtanhaften zu üben und versuchen, das allgemeine Gefühl ihrer Machtlosigkeit gegenüber dem Thema ihrer Abhängigkeit zu begreifen. Ziel ist es, sich auf das Selbst des Patienten zu konzentrieren und den Fokus von der Substanz der Abhängigkeit wegzunehmen. In dem Maße, wie sich der Fokus auf das Selbst entwickelt, steigt auch die Selbstwahrnehmung und Selbstprüfung des Patienten. Dies ist ein Teil sowohl der Psychotherapie als auch des Zwölf-Schritte-Programms der Anonymen Alkoholiker. Die Anonymen Alkoholiker betonen, dass der Erfolg eines jeden Alkoholikers bei der Genesung von der Alkoholsucht von der strikten Selbstehrlichkeit des Patienten abhängt, und dies gilt für alle Patienten, die versuchen, sich von der Co-Abhängigkeit zu erholen.

Es ist eine Zeit, in der der Patient damit aufhören muss, anderen die Schuld für seinen Zustand zu geben, denn die Abwälzung der Schuld hat im Behandlungsprozess keinen Sinn. Selbst wenn der Patient missbraucht und unterdrückt wurde, sollte es seine Aufgabe sein, sich von dem Gefühl der Unsicherheit und Unzulänglichkeit zu befreien. Nur sie können ihren Selbstwert in ihren Augen wiederherstellen und müssen daher an sich selbst glauben.

Endstadium der Co-Abhängigkeit und Genesung

Im Endstadium der Co-Abhängigkeit ist der Gegensatz zwischen Krankheit und Gesundheit am stärksten ausgeprägt. Die Welt des unbehandelten Co-Abhängigen verengt sich und seine Gesundheit nimmt ab. Wenn die Co-Abhängigkeit fortschreitet und ihr Endstadium erreicht, werden Konflikte sehr häufig. Das Selbstwertgefühl und die Selbstfürsorge nehmen weiter ab. Zu den chronischen Symptomen der Co-Abhängigkeit gehören weiter fortgeschrittene Zwangsstörungen und Abhängigkeiten. Zu solchen zwanghaften Verhaltensweisen gehören die Überwachung des Süchtigen, Ermächtigung, Zwangsstörungen, Diäten, Affären, übermäßiges Essen und Alkoholismus. Die Genesung in diesem letzten Stadium der Co-Abhängigkeit hängt von der Wiederherstellung des Selbstwertgefühls und des Vertrauens des Patienten ab. Der Patient wird ermutigt, seine eigenen Ziele zu verfolgen und Aktivitäten nachzugehen, die ihn besonders interessieren. Die Patienten äußern den Wunsch, sich voll und ganz zu artikulieren und auszudrücken, um der Freude und Freiheit willen, die sie dabei erleben. Der Fokus verlagert sich allmählich von außen nach innen in dem Sinne, dass der Patient weniger auf den anderen fixiert ist und stattdessen mit der Selbstreflexion und kritischen Analyse seines Verhaltens beginnt. In dem Maße, in dem sich der Fokus vom Objekt der Sucht oder der Abhängigkeit wegbewegt, wird dem Patienten bewusst, dass er sich viel mehr nach authentischer Intimität sehnt und dazu fähig ist. Genesung und Behandlung von Co-Abhängigkeit erfordern eine kontinuierliche Pflege, um einen Rückfall in den Zustand der Co-Abhängigkeit zu verhindern. Es kann mehrere Jahre dauern, bis die Veränderungen und die Genesung ein fester Bestandteil von Ihnen werden.

KAPITEL 3. ANZEICHEN VON CO-ABHÄNGIGKEIT

Eines der schwierigsten Hindernisse bei der Bekämpfung von Co-Abhängigkeit ist die Verleugnung. Oft fällt es einer oder beiden an einer Co-Abhängigkeit beteiligten Parteien schwer, die Tatsache zu erkennen und dann zuzugeben, dass die Beziehung ungesund geworden ist. Manchmal ist eine außenstehende Partei oder eine Intervention erforderlich, damit die Co-Abhängigen das Problem erkennen. Darüber hinaus gibt es Fälle, in denen Co-Abhängige sich der Ungesundheit in der Beziehung voll bewusst sind, aber sie zögern, das Problem nach außen hin anzuerkennen oder Maßnahmen zu ergreifen. Glücklicherweise gibt es Möglichkeiten, die Co-Abhängigkeit zu erkennen, was der erste Schritt zur Überwindung der Co-Abhängigkeit und zum Aufbau einer gesunden Beziehung ist.

Kodependenz ist keine Interdependenz

Zunächst einmal ist es wichtig, zwischen Co-Abhängigkeit und Interdependenz zu unterscheiden. Bei der gegenseitigen Abhängigkeit sind die an einer Beziehung beteiligten Personen nur bis zu einem gewissen Grad voneinander abhängig. In einem familiären Umfeld kann sich beispielsweise ein Elternteil auf den anderen Ehepartner verlassen, wenn es darum geht, Rechnungen zu bezahlen oder Routinearbeiten mit den Kindern zu erledigen. Ebenso trägt der andere Ehepartner auf andere, sinnvolle Weise bei. Das bedeutet nicht, dass sie voneinander abhängig sind oder dass sie sich aufeinander verlassen, um ein Gefühl des Selbstwerts zu entwickeln. In Wirklichkeit sind sie individualistisch und können dennoch die Aufgaben einer Familie auf eine gemeinsame, gesunde Weise angehen.

Eine weitere Möglichkeit, um festzustellen, ob Sie sich in einer kodierenden Beziehung befinden, besteht darin, sich zu fragen, ob Sie Ihr Verhalten und Ihre Handlungen häufig hinterfragen, oder ob Sie einfach nur unter einer ständig präsenten, starken Angst leiden. Menschen in einer kodependenten Beziehung beurteilen sich häufig selbst und überlegen, was sie hätten anders machen oder sagen sollen.

Geringes Selbstwertgefühl

Eine der häufigsten Auswirkungen des Lebens in einer ko-abhängigen Beziehung ist ein geringes Selbstwertgefühl. Oft ist ein geringes Selbstwertgefühl nicht so leicht zu erkennen, wie man vielleicht denkt. Menschen, die nach Perfektionismus streben, können in Wirklichkeit unter einem geringen Selbstwertgefühl leiden; ebenso können sie nach außen hin selbstbewusst erscheinen, aber das könnte eine Fassade sein. Innerlich können Menschen mit geringem Selbstwertgefühl von Schuld- und Schamgefühlen geplagt sein.

Sympathieträger

Außerdem sind Co-Abhängige oft Menschen, die es anderen recht machen wollen. Sie fühlen sich verpflichtet und vielleicht sogar verantwortlich dafür, zum Glück eines anderen beizutragen. Typischerweise haben diese Menschen Angst davor, "nein" zu sagen, und können sogar Angst empfinden, wenn sie mit einer Situation oder Einladung konfrontiert werden, die sie lieber ablehnen würden. In vielen Fällen sagen People-Pleasers "ja" zu etwas, dem sie eigentlich nicht zustimmen wollten, aber sie fühlen sich gezwungen und stellen stattdessen die Wünsche und Bedürfnisse anderer vor ihre eigenen.

Schwierigkeiten bei der Festlegung von Grenzen

Außerdem haben Co-Abhängige oft Schwierigkeiten, Grenzen zu ziehen. Sie verinnerlichen oft die Probleme, Gefühle, Gedanken oder Bedürfnisse anderer und entwickeln ein ungesundes Gefühl der Verantwortung für das Wohlbefinden ihres Partners. Manche Co-Abhängige ziehen sich jedoch zurück und ziehen aktiv ihre Grenzen, was es für andere schwierig macht, ihnen nahe zu kommen. In anderen Fällen variieren Co-Abhängige die Verhaltensweisen, mit denen sie Grenzen setzen; manchmal lassen sie ihre Mauern fallen, während sie sich ein anderes Mal völlig zurückziehen.

Hausmeisterdienste

Fürsorge ist ein weiteres häufiges Verhalten, das in ko-abhängigen Beziehungen zu finden ist. Oft stellt die Pflegeperson die Bedürfnisse der anderen Partei über ihre eigenen Bedürfnisse. Der Betreuer fühlt sich verpflichtet, der anderen Person zu helfen, und kann sogar Gefühle der Ablehnung empfinden, wenn die andere Person die Hilfe ablehnt. Darüber hinaus kann die Pflegeperson von der Vorstellung besessen sein, dass sie die andere Person in der Beziehung "reparieren" kann, selbst wenn diese Person nicht versucht, die Hindernisse zu überwinden, unter denen sie leidet.

Überreagieren

Ein weiteres Verhalten, das auf eine Co-Abhängigkeit hinweisen kann, ist eine Überreaktion. Während die meisten Menschen auf die Gedanken und Gefühle anderer reagieren, können sich Co-Abhängige durch negative Meinungen bedroht fühlen. Anstatt die abweichende Meinung abzutun, könnte der Co-Abhängige die Meinung übernehmen und anfangen, sie zu glauben; oder er könnte das Gegenteil tun und extrem defensiv werden. In jedem Fall kann eine zu starke Reaktion auf eine eigentlich unbedeutende Bemerkung ein Zeichen von Co-Abhängigkeit sein.

Suche nach einem starken Gefühl der Kontrolle

Co-Abhängige streben in der Regel auch nach einem starken Gefühl der Kontrolle. Sie können die Kontrolle über die andere Person in der Beziehung suchen, oder sie können extreme Kontrolle über einen Aspekt ihres eigenen Lebens suchen. Co-Abhängige können zum Beispiel auf die eine oder andere Weise süchtig werden; manchmal werden sie sogar arbeitssüchtig, um einen Aspekt ihres Lebens vollständig unter Kontrolle zu haben. Fürsorger und Menschenfresser können diese Verhaltensweisen sogar nutzen, um den Aspekt der Kontrolle auf die Spitze zu treiben und ihren Einfluss auf andere zu nutzen, um sie zu manipulieren.

Außerdem können Co-Abhängige versuchen, die andere Person in der Beziehung zu kontrollieren, indem sie deren Handlungen einschränken. Der Co-Abhängige kann versuchen, seinem Partner Befehle zu erteilen. Umgekehrt lassen Co-Abhängige ihre Partner manchmal nicht an bestimmten Aktivitäten oder Verhaltensweisen teilnehmen, durch die sie sich bedroht fühlen.

Während Co-Abhängige oft in den Raum anderer eindringen, kann dies auch zu einem körperlichen Phänomen werden. Beobachten Sie Ihr Verhalten oder das Ihrer Mitmenschen: Haben Sie den Eindruck, dass Sie ständig etwas verschütten, stolpern oder einfach nur zu Unfällen neigen? Vielleicht verletzen Sie den persönlichen Freiraum einer anderen Person oder umgekehrt. Persönliche Grenzen zu setzen, sowohl physisch als auch emotional, ist eine wichtige Voraussetzung für eine gesunde Beziehung.

Kommunikationsprobleme

In vielen Fällen verlassen sich Co-Abhängige auf dysfunktionale Kommunikationsmittel. Es kann sein, dass sie nicht in der Lage sind, ihre Gedanken oder Gefühle in einer gesunden, klaren Weise darzustellen. Außerdem kann ein Co-Abhängiger Schwierigkeiten haben, zu erkennen, was er überhaupt denkt. Wenn Sie dieses Verhaltensmuster bei sich selbst bemerken, könnte das ein Hinweis darauf sein, dass in Ihrer Beziehung etwas nicht stimmt. Wenn Sie bemerken, dass Sie nicht bereit oder ängstlich sind, ehrlich zu Ihrem Partner zu sein, könnte dies ein Zeichen für eine gestörte Kommunikation sein. Wenn Ihr Partner Sie beispielsweise nach Ihrer Meinung zu einer Sache fragt und Sie Angst haben, ehrlich zu sein, könnte das bedeuten, dass die Kommunikation unehrlich geworden ist, was höchstwahrscheinlich auf die Manipulation des anderen zurückzuführen ist.

Dies wird oft als die "Fußabtreter"-Seite von Co-Abhängigen bezeichnet. Der Co-Abhängige wird buchstäblich unfähig zu bestimmen, wie er tatsächlich über ein bestimmtes Thema denkt, weil er so daran gewöhnt ist, einfach mit anderen übereinzustimmen, um sie zu beschwichtigen. Dennoch ist es wichtig, sich eine eigene Meinung zu bilden und Gedanken zu formulieren, die auf den eigenen Gefühlen basieren. Co-Abhängige werden zu Chamäleons, da sich ihre Ansichten mit denen aller anderen zu vermischen beginnen.

Darüber hinaus erhält mindestens ein Co-Abhängiger (oder beide) in einer Beziehung in der Regel nur sehr wenige Gelegenheiten, sich zu Wort zu melden, vor allem bei Auseinandersetzungen. Eine Person kann Anzeichen dafür zeigen, dass sie ungeduldig ist und einfach darauf wartet, dass sie an der Reihe ist zu sprechen, anstatt wirklich zuzuhören. Diese Person hat bereits festgelegt, was sie sagen wird, unabhängig davon, was Sie sagen wollen. So wird das Gespräch höchstwahrscheinlich zu einem ungesunden, einseitigen Streit, bei dem die Meinungen oder Ansichten der einen Person von denen der anderen unterdrückt werden, anstatt dass beide Parteien versuchen, ein gewisses Maß an Verständnis oder einen Kompromiss zu erreichen.

Wenn Sie sich Sorgen machen, dass Sie oder jemand, den Sie kennen, in eine Abhängigkeit verwickelt sein könnte, sollten Sie die allgemeinen Emotionen des potenziell Abhängigen beurteilen: Gibt es Anzeichen von Scham oder Ablehnung? Wenn Sie eine Co-Abhängigkeit in Ihrer eigenen Beziehung vermuten, sind Sie dann in einen Zustand der Depression, des Grolls oder der Hoffnungslosigkeit verfallen? In der Regel entwickelt eine der Parteien ein Gefühl des Versagens: Sie könnten das Gefühl bekommen, dass alles, was Sie tun, nicht ausreicht, um die andere Partei zufrieden zu stellen. Schließlich können Sie gefühllos werden und sich zurückziehen.

Vielleicht zeigen Sie oder Ihr Angehöriger nicht alle der oben aufgeführten Anzeichen, aber wenn Sie zumindest einige dieser Anzeichen häufig genug bemerkt haben, um sich Sorgen zu machen, sind Sie möglicherweise Teil einer kodierenden Beziehung.

KAPITEL 4. WIE MAN ERKENNT, OB MAN SICH IN EINER ABHÄNGIGEN BEZIEHUNG BEFINDET

Co-Abhängigkeit in Beziehungen ist eine wirklich schmerzhafte Angelegenheit, die zu ertragen ist, und sie kann zu einer Menge negativer psychologischer und emotionaler Nebenwirkungen führen, sowohl für den co-abhängigen Partner als auch für die Person, von der sie co-abhängig ist. Da der Begriff "Co-Abhängigkeit" immer mehr an Bedeutung gewinnt, besteht ein großer Nachteil darin, dass viele Menschen andere fälschlicherweise beschuldigen, co-abhängig zu sein, obwohl sie es in Wirklichkeit nicht sind. Dies führt zu Verwirrung darüber, was Co-Abhängigkeit ist und wie sie sich tatsächlich auf Beziehungen auswirkt.

Laut der Therapeutin und Buchautorin Shannon Thomas schleicht sich die Co-Abhängigkeit in der Regel schon früh in eine Beziehung ein und kann langsam wachsen, wenn der coabhängige Partner immer mehr verlangt, um sich zufrieden zu fühlen. Nach ihren Erfahrungen und Erkenntnissen beginnen die meisten Beziehungen gar nicht mit einer Co-Abhängigkeit. Stattdessen beginnen sie typischerweise mit normalen Interaktionen und gehen dann in eine Co-Abhängigkeit über, wenn der coabhängige Partner nicht das bekommt, was er von der Begegnung erwartet. Wenn die andere Person sich zum Beispiel zurückzieht, übernimmt der Co-Abhängige die volle Verantwortung dafür, die Verbindung zum anderen Partner herzustellen. Auf diese Weise versucht er, den Abstand zu halten und zu verhindern, dass die Beziehung endet, damit er weiterhin seine Bedürfnisse von dieser Person befriedigt bekommt.

Wenn Sie Anzeichen von Co-Abhängigkeit bei sich selbst erkannt haben und sich nun fragen, ob Sie Co-Abhängigkeit in Ihren Beziehungen erleben, werden Sie mit Hilfe von Forschungsergebnissen und Erkenntnissen verschiedener Psychologen, Ärzte und Experten feststellen können, ob es sich wirklich um Co-Abhängigkeit handelt, die Ihre Beziehung beeinträchtigt. Machen Sie sich klar, dass sich diese Co-Abhängigkeit in jeder Beziehung Ihres Lebens zeigen kann, d. h. Sie können diese Verhaltensweisen auch in einer unwahrscheinlichen Situation erkennen, z. B. bei einem Arbeitskollegen. Sie sollten sich auch darüber im Klaren sein, dass Sie wahrscheinlich einige dieser Verhaltensweisen in mehreren Beziehungen wiedererkennen werden, die Sie ebenfalls führen, da Co-Abhängige dazu neigen, alle Menschen auf eine ziemlich ähnliche Weise zu behandeln. Es wird jedoch wahrscheinlich nur eine Person geben, bei der Sie praktisch alle diese Symptome erleben, nämlich die Person, von der Sie am meisten abhängig sind.

Anzeichen von Co-Abhängigkeit in Beziehungen

Laut Tracy Malone, Therapeutin und Gründerin von Narcissistic Abuse Support, wird die Co-Abhängigkeit oft deutlich, wenn der Co-Abhängige erkennt, dass er versucht, die andere Person zu "reparieren". Dies führt oft dazu, dass der Co-Abhängige klassische Symptome des

Retter-Archetyps zeigt, bei denen er versucht, den anderen Partner zu retten und ihm zu einem besseren Leben zu verhelfen.

Oft entsteht dieser Wunsch, die andere Person in der Beziehung zu retten, weil der Co-Abhängige die Beziehung in der Annahme eingegangen ist, die andere Person würde eine bestimmte Rolle übernehmen. Wenn dies nicht der Fall ist, wird der Co-Abhängige wütend und hat das Gefühl, dass er sich nicht wirklich erfüllt fühlen kann, wenn die andere Person seine Erwartungen nicht erfüllt, so dass er versucht, die andere Person zu "reparieren", damit seine Bedürfnisse erfüllt werden.

Wenn ein abhängiger Partner versucht, seinen Partner "in Ordnung zu bringen", zeigt das einen Mangel an Respekt vor dem, was er ist, und einen Mangel an Vertrauen in die Fähigkeit des Partners, eine ganze und vollständige Person zu sein. Dies führt zu einer veränderten Dynamik in der Beziehung, in der der Co-Abhängige beginnt, die andere Person unbewusst zu manipulieren, damit sie sich unvollständig fühlt, indem er versucht, sie in die Rolle zu drängen, die er für diese Person gewählt hat. Es kann auch dazu führen, dass der Co-Abhängige so viel Zeit in die Beziehung investiert, dass er nicht mehr das Bedürfnis hat, sich um sich selbst zu kümmern und seine eigenen Bedürfnisse zu berücksichtigen.

Ein weiteres häufiges Symptom einer kodierenden Beziehung ist, dass der kodierende Partner sofort alle seine Grenzen fallen lässt, um der anderen Person zu dienen. Die britische Psychologin und Coach Perpetua Neo, eine Expertin für toxische Beziehungen, behauptet, dass viele kodependente Partner ihre eigenen Grenzen vollständig aufgeben und sich voll und ganz in den Dienst des Partners stellen, koste es, was es wolle.

Wenn ein kodependenter Partner seine Grenzen zugunsten der anderen Person vollständig aufgibt, gibt er seine eigene Geschichte auf und schenkt der Geschichte des Partners mehr Anerkennung. Dieser Wert, den ein Co-Abhängiger der Geschichte seines Partners beimisst, übersteigt den Wert, den er sich selbst beimisst, und unterstützt ihn bei dem Versuch, sich in die Erzählung eines anderen hineinzuschreiben, um seine eigenen Bedürfnisse zu befriedigen. Der Co-Abhängige wird sein eigenes Recht auf ein von der anderen Person unabhängiges Leben und das Recht der anderen Person auf dasselbe vollständig aufgeben, um zu versuchen, seine Bedürfnisse zu erfüllen, was uns zu unserem nächsten Punkt führt.

Dating-Coach Erika Ettin weist darauf hin, dass die meisten Partner mit Co-Abhängigkeit Probleme damit haben, sich als unabhängig von ihrem Partner zu sehen, und daher Mühe haben, ihr eigenes Leben zu führen. Die Chancen stehen gut, dass der abhängige Partner alles mit der anderen Person machen und so weit wie möglich in deren Leben einbezogen werden möchte. Es kann sein, dass er es vermeidet, eigene Hobbys aufzunehmen oder Dinge allein zu tun, weil er wirklich das Gefühl hat, dass er nichts allein oder ohne seinen Partner tun kann.

Leider verliert der Co-Abhängige durch die Aufgabe dieser Individualität letztlich sein Gefühl für die eigene Identität und versucht, sich in das Leben der anderen Person einzufügen. Mit anderen Worten, sie wissen nicht, wer sie wirklich sind, und sie kämpfen damit, sich selbst als vollständige Person zu fühlen.

Eines der deutlichsten Anzeichen dafür, dass Sie sich in einer Co-Abhängigkeit befinden, ist, wenn Sie beginnen, den Kontakt zu Menschen zu verlieren, die Ihnen wichtig sind, z. B. zu Ihrer Familie. Laut dem Psychotherapeuten Dr. Jonathan Marshall hat er in seiner Arbeit viele Co-Abhängige beobachtet, die beginnen, den Kontakt zu anderen Menschen, die ihnen wichtig sind, zu verlieren, um die Beziehung zu der Person, von der sie abhängig sind, aufrechtzuerhalten.

Wenn sie dann merken, dass die Beziehung nicht passt, können sie sich an niemanden wenden und fühlen sich isoliert und allein. Dies kann dazu führen, dass Co-Abhängige lange Zeit in einer toxischen Beziehung bleiben und darauf warten, dass sie die Mittel haben, etwas zu ändern und etwas Besseres für sich selbst zu tun. Sie befürchten, dass sie, wenn sie die Beziehung verlassen, kein anderes Leben haben.

Wenn Sie sich dabei ertappen, dass Sie ständig von Ihrem Partner die Zustimmung zu bestimmten Dingen einholen, besteht die Möglichkeit, dass Sie in einer kodierenden Beziehung leben, so die Autorin Catenya McHenry. In ihren Schriften, in denen sie ihre persönlichen Erfahrungen aus ihrer Ehe mit einem Narzissten schildert, hat Catenya erkannt, dass ein wichtiges Anzeichen für eine Co-Abhängigkeit darin besteht, dass man für alles die Zustimmung des Partners einholen muss. Das liegt daran, dass ein Co-Abhängiger das Gefühl hat, nicht in der Lage zu sein, seine eigenen Entscheidungen zu treffen, und es seinem Partner recht machen will.

Sie hoffen also, dass sie durch die Suche nach Zustimmung zu allem die Bestätigung bekommen können, die sie brauchen, was dem Co-Abhängigen hilft, sich erfüllt und gut über sich selbst zu fühlen. Co-Abhängige haben Schwierigkeiten zu erkennen, dass sie in der Lage sind, ihre eigenen Entscheidungen zu treffen, und versuchen oft, Entscheidungen an der Seite ihres Partners zu treffen, indem sie behaupten, dies sei eine allgemeine Höflichkeit und nicht unbedingt eine Abhängigkeit. Dies zeigt, dass sie zur Verleugnung neigen, wenn es darum geht, zuzugeben, dass sie etwas tun, das ein kodependentes Verhalten widerspiegelt.

Laut der in New York ansässigen Psychologin und Autorin Elinor Greenberg, Ph.D., ist ein gemeinsamer Faktor in ko-abhängigen Beziehungen, dass der Partner, der nicht ko-abhängig ist, eine Form von ungesundem Verhalten an den Tag legt. Wenn Ihr Partner wiederholt ungesunde Verhaltensweisen an den Tag legt, wie z. B. Saufgelage, aggressives Durchsetzen seiner Emotionen oder Drogenkonsum, erhöht sich die Wahrscheinlichkeit, dass die Beziehung eine Co-Abhängigkeit beinhaltet. In manchen Fällen kann es den Co-Abhängigen sogar dazu ermutigen, sich diese ungesunden Verhaltensweisen anzueignen, weil ihm die inneren Grenzen fehlen, die er braucht, um diese Verhaltensweisen zu unterlassen, selbst wenn er es besser weiß.

Symptome einer kodexabhängigen Beziehung

Wir haben zwar gerade viele Anzeichen entdeckt, die auf eine Co-Abhängigkeit in einer Beziehung hindeuten, aber es gibt noch weit mehr als die genannten. Nachfolgend finden Sie weitere Symptome, die in einer kodependenziellen Beziehung auftreten können, entweder direkt als Folge von Kodependenz oder als Nebenwirkung anderer Probleme, die Kodependenz verursachen kann. Bei diesen Symptomen handelt es sich um die allgemein anerkannten Nebenwirkungen, die von der gesamten Psychologiegemeinschaft vorgeschlagen werden:

- Außerhalb Ihrer Co-Abhängigkeitsbeziehung fällt es Ihnen schwer, sich wirklich auf andere Aktivitäten einzulassen und dabei Zufriedenheit oder Glück zu empfinden.
- Sie bleiben auch dann, wenn die Beziehung toxisch zu sein scheint oder nicht zu Ihnen passt und Sie vielleicht nicht genau wissen, warum.
- Wenn es um Ihren Partner geht, sind Sie bereit, alles für ihn zu tun, egal was es für Sie bedeutet. In der Vergangenheit haben Sie Dinge getan, wie z. B. den Besuch von Familie und Freunden, die Teilnahme an Hobbys oder Aktivitäten oder sogar das Vorantreiben Ihrer Karriere, damit Sie für diese Person verfügbar sind.
- In Ihrer Beziehung verspüren Sie ein ständiges Gefühl der Angst, das manchmal mit Ihrer Angst zusammenhängt, nicht genug zu tun, um den anderen glücklich zu machen, oder mit Ihrer Angst, den anderen zu verlieren.
- Es ist nicht ungewöhnlich, dass Sie das, was andere als übertrieben empfinden könnten, in die Bedürfnisse Ihres Partners investieren und dafür sorgen, dass er alles bekommt, was er sich jemals gewünscht hat.
- Wenn es darum geht, Ihre eigenen Bedürfnisse in der Beziehung zu äußern, fühlen Sie sich schuldig und vermeiden es oft, dies zu tun, weil Sie Ihrem Partner nicht zur Last fallen wollen. Manchmal fühlen Sie sich sogar schuldig, weil Sie nur an Ihre Bedürfnisse denken, obwohl Sie diese noch gar nicht geäußert haben.
- Manchmal ignoriert man in einer Beziehung die eigene Moral oder die eigenen Werte, um das zu tun, was die andere Person will.
- Es ist nicht ungewöhnlich, dass Sie in Ihrer Beziehung Schamgefühle oder ein geringes Selbstwertgefühl empfinden. Sie machen sich Sorgen, dass Sie nicht gut genug sind oder es nicht verdient haben, das zu bekommen, was Sie wollen, oder sogar das zu haben, was Sie bereits haben.
- Vielleicht haben Sie das Gefühl, dass Sie leicht von Ihrem Partner ausgelöst werden und manchmal übermäßig defensiv oder wütend werden, weil Sie die Gedanken und Worte anderer Menschen sofort aufnehmen. Es ist schwer für Sie, die Dinge nicht persönlich zu nehmen, weil Sie alles so tief in sich aufnehmen.
- Wenn Ihr Partner etwas braucht und Sie sich nicht darum kümmern, fühlen Sie sich extrem schuldig und es fällt Ihnen schwer, an etwas anderes zu denken.
- Es kann sein, dass Sie Beziehungen kontrollieren und manchmal versuchen, andere Menschen zu zwingen, so zu handeln, zu denken oder sich so zu verhalten, wie Sie es ihnen gesagt haben. So halten Sie alles in Ordnung und verhindern, dass in Ihrer Welt Chaos herrscht.

- Es kann sich so anfühlen, als würden Sie ständig an die andere Person denken, bis zu dem Punkt, dass Sie von ihr und der Beziehung, die Sie teilen, geradezu besessen sind. Sie können sich sogar dabei ertappen, wie Sie über gemeinsame Interaktionen nachdenken und versuchen, herauszufinden, was Sie richtig oder falsch gemacht haben, und wie Sie es beim nächsten Mal besser machen können.

- Wenn Sie das Gefühl haben, abgelehnt zu werden, reagieren Sie möglicherweise übertrieben auf diese Erfahrung. Es kann sein, dass Sie sich völlig zurückziehen, tiefe und immense Traurigkeit empfinden oder sogar extrem wütend und feindselig werden, weil Sie sich zurückgewiesen fühlen.

KAPITEL 5. WIE MENSCHEN CO-ABHÄNGIG WERDEN

Die Wurzeln der Co-Abhängigkeit liegen oft in der Kindheit, wo die Gefühle des Kindes bestraft oder ignoriert werden. Eine solche emotionale Vernachlässigung kann dazu führen, dass das Kind ein geringes Selbstwertgefühl hat, sich schämt und glaubt, seine Bedürfnisse seien es nicht wert, beachtet zu werden. Typischerweise tritt dies auf, wenn ein oder beide Elternteile nicht in der Lage sind, ihre Rolle als Erziehungsberechtigte zu erfüllen. Dies kann dazu führen, dass das Kind Handlungen ausführen muss, die seine Entwicklungsfähigkeit übersteigen. Wenn zum Beispiel ein Elternteil zu betrunken ist, um zu kochen, muss das Kind vielleicht lernen zu kochen, damit die Familie nicht hungern muss.

Oft muss ein Kind einspringen und die Rolle des Erwachsenen übernehmen oder es wird sogar erwartet, dass es für den Elternteil sorgt. Häusliche Gewalt im Elternhaus kann auch dazu führen, dass das Kind zum Mitwisser wird. Wenn ein Elternteil narzisstisch veranlagt ist, kann es außerdem sein, dass er von seinem Kind Lob und Trost verlangt.

Da Kinder jedoch noch nicht erwachsen sind, kann die Erfüllung der Rolle des Erwachsenen ihre ganze Kraft in Anspruch nehmen. Wenn sie sich darauf konzentrieren, den Haushalt am Laufen zu halten, kann das dazu führen, dass sie ihre eigenen Bedürfnisse vernachlässigen. Dies kann dazu führen, dass sie ihre Rolle als Betreuungsperson mit Gefühlen der Kontrolle und Stabilität verbinden. Obwohl solche Verhaltensweisen in der Kindheit notwendig sein mögen, sind sie nicht sehr anpassungsfähig.

Kodependenz kann in der Tat verhindern, dass Menschen stabile Beziehungen aufbauen. Sie tritt auch in einer Beziehung zu einer Person auf, die an einer Sucht leidet. Auch hier übernimmt die Person mit Co-Abhängigkeit die Rolle des "Versorgers". Sie kümmert sich möglicherweise um die Finanzen des Partners, die Hausarbeit und deckt Probleme außerhalb der Beziehung. Wenn der Partner z. B. wegen Drogenmissbrauchs nicht zur Arbeit kommt, kann die co-abhängige Person in seinem Namen den Chef anrufen und behaupten, der Partner sei krank. Auch wenn die Pflegeperson dem Partner aus dem Wunsch nach Hilfe heraus hilft, unterstützt sie damit ungewollt die Sucht.

Wenn der Betreuer den Partner vor den Folgen der Sucht bewahrt, verliert der Partner die Motivation, sich zu ändern. Wenn sich nichts ändert, kann sich die Sucht verschlimmern. Eine solche Beziehung kann auch dem Betreuer schaden, da die abhängige Person ihre eigenen Bedürfnisse vernachlässigt, um sich um den süchtigen Partner zu kümmern.

Kodependenz entwickelt sich auch, wenn man in einer missbräuchlichen Beziehung oder einem missbräuchlichen Haushalt lebt. Abhängige Verhaltensweisen entwickeln sich, indem sie den Gefühlen entgegenwirken, die aus emotionalem Missbrauch resultieren. So kann man zum Beispiel die Bedürfnisse der süchtigen Person befriedigen, um sich gebraucht zu fühlen; ein anderer kann sich Dankbarkeit verdienen, indem er auf seine eigenen Bedürfnisse verzichtet, um sich um andere zu kümmern, während wieder andere sich gestärkt fühlen, indem sie andere "retten".

Eine co-abhängige Person kann sich dafür verantwortlich fühlen, den Partner zu retten. Wenn der Partner unter psychischen Problemen leidet, kann er versuchen, sie mit Liebe zu "heilen". Aber Liebe reicht nicht aus, um psychische Krankheiten zu bekämpfen, und professionelle Hilfe ist notwendig.

Viele coabhängige Haushalte denken, dass sie ihre Familie schützen, indem sie ihre Probleme für sich behalten. Wenn man jedoch zulässt, dass der Partner mit dem Missbrauch fortfährt, schadet man nur den anderen Familienmitgliedern. Wenn man Kindesmissbrauch nicht anzeigt, macht man sich zum Komplizen, was rechtliche Konsequenzen nach sich zieht. Abhängig gewordene Eltern versuchen möglicherweise, durch ihre Kinder ein Ersatzleben zu führen. Während manche Eltern ihre Kinder vor allen Widrigkeiten schützen, versuchen andere, das Leben der Kinder zu kontrollieren, damit sie der elterlichen Definition von Erfolg entsprechen. Solche Verhaltensweisen erhöhen das Risiko, dass Kinder in eine Co-Abhängigkeit geraten.

Wenn Kinder die Welt auf eigene Faust erkunden, entwickeln sie ein Gefühl der Unabhängigkeit. Wenn die Eltern jedoch am Ende alle Entscheidungen für sie treffen, kann es passieren, dass das Kind seine eigenen Wünsche ignoriert. Auch hier kann es lernen, die Anerkennung anderer Menschen über seine eigenen Bedürfnisse zu stellen. Solche Auswirkungen können jahrelang anhalten. Abhängigen Kindern fehlt es an Selbstvertrauen und sie haben Schwierigkeiten, als Erwachsene Entscheidungen zu treffen. Stattdessen suchen sie nach Beziehungen, in denen ihr Partner die ganze Macht hat und die Entscheidungen für sie trifft. Wenn nicht eingegriffen wird, kann sich dieser Kreislauf der Kodependenz bis in die nächste Generation fortsetzen. Es gibt einen unbewussten Zusammenhang mit der Entstehung von Co-Abhängigkeit. Wenn ein Elternteil missbraucht oder vernachlässigt wurde und nicht bereit ist, die Co-Abhängigkeit zu überwinden, können sich diese Verhaltensweisen und Persönlichkeitsmerkmale auf die Kinder übertragen.

Bestimmte Verhaltensmuster sind in allen abhängigen Familien und Haushalten ähnlich. Diese sind wie folgt:

- **Zum Hausmeister werden:** Das passiert vor allem, wenn man gezwungen ist, die Rolle der Eltern zu übernehmen.

- Sie **lernen, dass Menschen, die Ihnen sagen, dass sie Sie lieben, Sie in Wirklichkeit verletzen:** Wenn Ihre kodexabhängige Familie Sie körperlich oder seelisch verletzt, neigen Sie dazu, Freunde und Liebhaber zu finden, die diesen Trend bis ins Erwachsenenalter fortsetzen.

- Sie **werden zu einem Menschenfreund:** Anderen Menschen zu gefallen, ist ein Weg, sich kontrolliert zu fühlen. Da Sie nicht aus Angst sprechen oder widersprechen, gewinnen Sie Selbstwert nur durch bedingungsloses Geben.

- **Probleme mit Grenzen:** Niemand hat Ihnen beigebracht, wie man gesunde Grenzen setzt. Also sind Ihre Grenzen entweder zu schwach oder zu starr.

- **Schuldgefühle:** Ihre Unfähigkeit, Ihre Familie "in Ordnung zu bringen", führt dazu, dass Sie sich schuldig fühlen, auch wenn das unlogisch ist.
- **Das Gefühl, allein zu sein und kein Vertrauen zu haben:** Menschen haben Sie in der Vergangenheit verletzt und betrogen, so dass Sie ihren Motiven gegenüber zynisch sind, selbst wenn es sich um enge Freunde und Liebhaber handelt. Viele würden sogar die Einsamkeit und das Alleinsein suchen, anstatt sinnvolle Beziehungen einzugehen.

Auf diese Weise entwickelt sich die Co-Abhängigkeit. Menschen, die mit einer Co-Abhängigkeit leben, wollen oft mit einem falschen Selbst arbeiten. Es kostet viel Mühe, sich von der Co-Abhängigkeit zu erholen, und noch viel mehr, sie überhaupt zu durchschauen. Wenn Sie in einem Umfeld der Co-Abhängigkeit aufgewachsen sind, kann es sich normal anfühlen, so zu sein. Deshalb kann es eine übermäßig mühsame Aufgabe sein, jemanden dazu zu bringen, sein kodependentes Verhalten zu durchschauen.

Wenn jemand versucht, Hilfe für sein abhängiges Verhalten zu suchen, wird ihm klar, wie viel von seinem Leben er verloren hat. Auf diese Erkenntnis folgt oft die Wut über die Ungerechtigkeit eines solchen Verhaltensmusters. Die Menschen erkennen vielleicht, dass sie keine Kindheit hatten, wichtige Ereignisse in ihrem Leben verpasst haben oder dass sie nicht über ihre Probleme sprechen durften, weil ihre kodexabhängigen Familien so verschwiegen waren. Solche und viele andere Dinge können wieder auftauchen. Wut ist dann ein positives Zeichen, denn sie bedeutet, dass die abhängigen Menschen ihre Individualität und Würde zurückgewinnen und so den Kreislauf der Abhängigkeit durchbrechen.

KAPITEL 6. ERHOLUNGSZIELE

Dies wird Ihnen helfen, sich selbst besser kennenzulernen, was für die Genesung von der Co-Abhängigkeit unerlässlich ist. Sie müssen wissen, wer Sie sind, einschließlich Ihrer Bedürfnisse, Wünsche und Werte, damit Sie authentisch leben können, statt auf andere zu reagieren. Außerdem müssen wir uns unserer selbst bewusst werden, damit wir Selbstliebe kultivieren können. Es ist zwar ein Klischee, aber es ist wahr, dass wir anderen nur in dem Maße Liebe geben und empfangen können, wie wir uns selbst lieben. Der Weg zur Selbstliebe beginnt mit dem Aufbau einer Beziehung zu uns selbst. Schließlich ist es für die meisten Menschen fast unmöglich, einen Fremden tief und bedingungslos zu lieben.

Die Bedeutung von Zielvorgaben

Ich weiß, dass du dich wahrscheinlich immer noch von dir selbst getrennt fühlst, aber du hast dieses Arbeitsbuch aus einem bestimmten Grund in die Hand genommen. Was hat Sie motiviert, sich jetzt mit der Genesung von Co-Abhängigkeit zu befassen? Die Antwort auf diese Frage wird Ihnen helfen, herauszufinden, was Sie motiviert, und Sie auf die Ziele hinweisen, die Sie jetzt festlegen werden.

Das Setzen von Zielen ist aus zwei wichtigen Gründen wertvoll: Ziele geben Einblick in Ihr wahres Ich, und sie helfen Ihnen, sich effektiv zu erholen. Wenn Sie sich auf den Fahrersitz Ihres Autos setzen, haben Sie normalerweise ein klares Ziel vor Augen und können die beste Route planen. Ohne diesen inneren Orientierungssinn würden Sie sich oft verirren. Ziele verdeutlichen die Schritte, die Sie unternehmen sollten, um sich zu erholen. Sie unterstreichen Ihre Werte und haben ihren natürlichen Ursprung in der Hoffnung. Ich stelle fest, dass Ihre Ziele in der Regel bereits in Ihnen stecken; sie sind intuitiv und werden sich Ihnen mit Leichtigkeit erschließen. Unsicherheiten, Kritik und Ängste halten Sie immer davon ab, auf sie hinzuarbeiten oder sie sogar laut auszusprechen.

Die Zielsetzungstheorie untersucht, warum manche Menschen bei gleicher Intelligenz und gleichen Fähigkeiten bessere Leistungen erbringen als andere. Sie zeigt, dass neben den intellektuellen und buchstäblichen Fähigkeiten auch die Motivation die menschliche Leistung beeinflusst. Locke und Latham (1991) untersuchten Zielsetzung und Aufgabenleistung. Sie fanden heraus, dass Ziele spezifisch sein müssen, um wirksam zu sein. Ein vages Ziel kann zu weniger als wünschenswerten Ergebnissen führen. Wenn jemand zum Beispiel sagt, er wolle nicht mehr so viel arbeiten, reduziert er vielleicht seine Arbeitsstunden, ohne sich mit den tieferen Gründen für seine Arbeitssucht zu befassen, möglicherweise um seine Familie und sich selbst zu schonen. Dieses ungesunde Verhalten wird dann möglicherweise durch eine andere Fixierung ersetzt, z. B. das Marathontraining. Oberflächlich betrachtet mag dies gesünder aussehen, aber es erlaubt ihnen immer noch, ihren Körper mit ihrer Besessenheit zu missbrauchen und von zu Hause wegzubleiben.

Spezifische Ziele ermöglichen es Ihnen, Ihre Veränderungen bewusst anzugehen und sich selbst genau einzuschätzen. Untersuchungen haben ergeben, dass Menschen, die sich vage Ziele wie "Ich werde mein Bestes geben" setzen, glauben, mehr zu erreichen, als sie tatsächlich erreichen. Das konkrete Ziel, mehr Gewicht heben zu wollen, lässt sich besser einschätzen als das vage Ziel, "stärker" zu werden. Die Person mit dem spezifischen Ziel kann erkennen, wann sie buchstäblich mehr Gewicht hebt, und kann sich entsprechend motivieren, weiterzumachen. Wenn eine Person einfach nur stärker werden will, kann sie vielleicht viel mehr Gewicht heben, hört aber vielleicht bei 50 Pfund statt bei 68 Pfund auf. Sie werden nie ihr wahres Potenzial entdecken, weil wir Menschen dazu neigen, uns mit vagen Zielen positiv zu bewerten.

Kurzfristige Ziele

Wahrscheinlich haben Sie große Ziele für Ihre Genesung, z. B. endlich zu wissen, wer Sie sind, in der Lage zu sein, "Nein" zu sagen oder eine gesunde Beziehung zu führen. Diese Ziele sind grundlegend für ein zufriedenstellendes Leben. Kurzfristige Ziele (oder Ziele, die Sie bald erreichen möchten) sind jedoch ebenfalls notwendig. Jedes Ziel, das Sie in weniger als einem Jahr vollständig erreichen können, gilt als kurzfristig. Manchmal können diese Ziele an einem Tag erreicht werden, manchmal dauert es etwas länger, etwa eine Woche oder einen Monat. Kurzfristige Ziele schaffen oft die notwendigen Voraussetzungen für die Verwirklichung eines langfristigen Ziels. So kann man sich zum Beispiel das langfristige Ziel setzen, die Hochschule abzuschließen. Dieses Ziel setzt sich aus vielen kleineren kurzfristigen Zielen zusammen, z. B. die Bewerbung für das College bis zum Ende des nächsten Monats abzuschließen. Dieses kurzfristige Ziel kann weiter in noch kleinere und kürzere Ziele unterteilt werden, z. B. an einem Tag Referenzen einholen und an einem anderen Tag den Rohentwurf des persönlichen Aufsatzes schreiben. Kurzfristige Ziele sind motivierend, denn sie ermöglichen es Ihnen, Ihre großen Träume in erreichbaren Schritten zu verwirklichen. Da sie schnell erreicht werden können, zeigen sie Ihnen, wie fähig Sie sind, und stärken Ihre Fähigkeit, Ihre langfristigen Ziele zu erreichen.

Langfristige Ziele

Langfristige Ziele sind Ihre Lebensträume oder das, was Sie sich am meisten von Ihrem Leben wünschen. In der Co-Abhängigkeit ist ein häufiges langfristiges Ziel, sich selbst lieben zu können. Aufgrund ihrer Bedeutung mögen diese Ziele hoch oder sogar unmöglich erscheinen, aber wie die kurzfristigen Ziele zeigen, lassen sie sich in kleinere Aufgaben zerlegen. Ich habe einmal gehört, dass Veränderungen erst ganz langsam und dann auf einmal geschehen. Das hat mich sehr beeindruckt, denn in meiner therapeutischen Praxis sehe ich Tag für Tag, wie Klienten die Saat für ihre größeren Ziele ausstreuen. Die Arbeit an Zielen in der Therapie kann anfangs unbefriedigend sein, da sich die Ergebnisse der eigenen Bemühungen oft nicht schnell zeigen. Eines Tages jedoch ist eine Person endlich in der Lage, all die Fähigkeiten, die sie gelernt hat, zu integrieren, um ein Leben in Genesung zu führen.

Lassen Sie mich Folgendes betonen: Veränderungen in Bezug auf Ihre langfristigen Ziele werden in der Regel zunächst nicht sichtbar sein. Wenn Sie zum Beispiel in der Lage sein wollen, Ihren Eltern zu vergeben, wird es sich eine Zeit lang nicht so anfühlen, als ob Sie dabei Fortschritte machen würden. Wenn Sie sich jedoch kleinere Ziele setzen, wie z. B. Selbstmitgefühl durch ermutigende Aussagen zu üben, Traumaarbeit mit einem Therapeuten zu leisten oder einen Brief an Ihre Eltern in Ihr Tagebuch zu schreiben, um Ihre Gefühle ehrlich anzuerkennen, werden Sie wahrscheinlich feststellen, dass die Vergebung eines Tages kommen wird. Nutzen Sie Ihre langfristigen Ziele als Inspiration, während Sie darauf hinarbeiten, und erinnern Sie sich daran, warum Sie so hart arbeiten, aber erkennen Sie auch an, dass es wirklich ein Prozess ist. Wenn Sie sich weiterhin für Ihre Genesung und Ihre kleineren Ziele einsetzen, sind Sie auf dem Weg zu einem zutiefst lohnenden Leben.

Sind Sie bereit anzufangen?

Überlegen Sie nun bitte, in welche Richtung Sie Ihr Leben lenken möchten. Es mag vielleicht kitschig klingen, aber denken Sie wirklich darüber nach, was "Ihr bestes Leben leben" für Sie bedeuten würde. Nehmen Sie sich einen Moment Zeit, um so detailliert wie möglich über das Leben zu schreiben, das Sie sich wünschen. Denken Sie an Ihr Berufsleben, Ihre körperliche und geistige Gesundheit, Ihre Finanzen und Ihre Beziehungen. Ihr bestes Leben könnte darin bestehen, schuldenfrei zu sein, unterstützende Menschen in Ihrem Leben zu haben oder Ihren Körper ungeachtet seiner Größe zu akzeptieren. Wenn Sie feststellen, dass Sie mit irgendeiner Art von Sucht zu kämpfen haben, sollten Sie sich Ihr Leben ohne diese ungesunde Art der Bewältigung vorstellen. Stellen Sie sich vor, dass Sie diesen Bewältigungsmechanismus durch etwas ersetzen, das für Sie gesünder ist, wie z. B. mit einem Freund zu reden oder spazieren zu gehen, anstatt sich mit Ihrer Sucht zu beschäftigen. Dies ist Ihre Chance zu träumen. Ich möchte Sie ermutigen, sich die Welt für einen Moment mit den Augen eines Kindes vorzustellen, wenn Sie von Ihrem wiedergefundenen Leben träumen, anstatt sich selbst zu zensieren. Kein Traum von Ihnen ist zu groß oder zu dumm. Ihre Träume sind von großer Bedeutung und unterstreichen, wer Sie wirklich sind.

Schritt eins: Schreiben Sie Ihre Sorgen auf

Dieses Arbeitsbuch ist Ihr Verbündeter bei der Genesung. Ich möchte, dass Sie Ihre Sorgen ehrlich erforschen. Gibt es irgendetwas, das Sie belastet, während Sie Ihre Co-Abhängigkeit erforschen und auf Genesung hinarbeiten? Dies ist ein geschützter Raum für Sie, und niemand sonst muss ihn sehen.

- **Aufforderung 1:** Wenn Sie Ihr bestes Leben beschreiben, könnten Sie die folgenden Hindernisse nennen (Beispiele: fehlende Ausbildung, Zeitmangel und finanzielle Sorgen).
- **Aufforderung 2:** Selbst wenn wir etwas Positives wollen, haben wir manchmal Angst vor den negativen Folgen einer Veränderung. Wir fürchten vielleicht, eine Beziehung zu verlieren oder dass andere uns nicht mögen, wenn wir ihnen zeigen, wer wir wirklich sind. Ich möchte

Sie ermutigen, mindestens eine Sache zu benennen, von der Sie bemerken, dass Sie Angst haben, wenn Sie wieder gesund werden.

- **Aufforderung 3:** Stellen Sie sich eine Person vor, die Sie bedingungslos unterstützt. Welchen Rat würde sie Ihnen geben, damit Sie die Hindernisse, die Sie in Aufgabe 1 genannt haben, bewältigen können? Welche Einsicht oder Ermutigung würde sie in Bezug auf Ihre Ängste aus Aufgabe 2 haben?

Schritt zwei: Setzen Sie Ihre Ziele

Es ist wichtig, dass Sie sich sowohl lang- als auch kurzfristige Ziele setzen, um sich möglichst effektiv zu erholen. Jetzt werden Sie über diese Ziele nachdenken.

- **Aufforderung 1: Die** drei großen, langfristigen Situationen, die ich am liebsten ändern würde, sind:
- **Aufforderung 2:** Nennen Sie jetzt mindestens drei kleinere, spezifische Möglichkeiten, wie Sie auf jedes langfristige Ziel in Aufforderung 1 hinarbeiten könnten.

Zum Beispiel:

1. Was ich mir am meisten wünsche, ist eine Gemeinschaft von Freunden, die mich unterstützen.
2. Mit einem Therapeuten arbeiten, um meine sozialen Ängste abzubauen.
3. Nehmen Sie an den sozialen Veranstaltungen am Arbeitsplatz teil, z. B. an Potlucks.
4. Engagieren Sie sich ehrenamtlich, um andere Menschen mit ähnlichen Interessen zu treffen.

- **Aufforderung 3:** Bestimmen Sie ein noch kleineres Ziel, das innerhalb einer Woche erreicht werden könnte, um eines dieser kleineren Ziele aus Aufforderung 2 zu erreichen. Nehmen Sie sich dann selbst in die Pflicht und setzen Sie dieses eine Ziel innerhalb der Woche um.

In Aufforderung 1 möchten Sie zum Beispiel das langfristige Ziel erreichen, ehrlich zu sagen, dass Sie sich selbst lieben. Ihr kurzfristiges Ziel könnte darin bestehen, einen Plan für die Selbstfürsorge zu entwickeln, um die Selbstliebe zu kultivieren. Ihr noch kurzfristigeres Ziel könnte darin bestehen, dass Sie einen Yogakurs besuchen wollen, dann ein Studio in der Nähe Ihrer Arbeit finden und sich im Laufe der Woche dafür anmelden.

Was passiert, wenn Sie ausrutschen?

Der Mensch ist von Natur aus unvollkommen, deshalb gehört es zum Veränderungsprozess, Fehler zu machen. Ich weiß, dass viele Menschen in ihrer Co-Abhängigkeit mit einer perfektionistischen Einstellung zu kämpfen haben, deshalb möchte ich ausdrücklich darauf hinweisen: Planen Sie, Fehler zu machen. Wenn Sie auf ein Ziel hingearbeitet haben und merken, dass Sie ins Straucheln geraten, ist das normal. Nutzen Sie diese Regression als Information. Machen Sie sich bewusst, welche Gedanken, Verhaltensweisen oder Umstände zu Ihrem Rückschritt beigetragen haben, aber machen Sie dann weiter. Das Wichtigste bei der

Veränderung ist, dass wir immer wieder auf den richtigen Weg zurückkehren, wenn es nötig ist. Die wichtigste Einstellung ist, nicht in einem vermeintlichen Misserfolg zu verharren.

Moment der Reflexion

Ich habe Sie gebeten, durch die Linse Ihrer Ziele zu betrachten, wer Sie sind. Sie haben auch erfahren, wie wichtig es ist, sich konkrete Ziele zu setzen, um das Leben zu führen, das Sie sich am meisten wünschen. Barrieren und Unsicherheiten können unsere Genesungsarbeit behindern, deshalb wurden Sie auch gebeten, diese zu erkennen und zu planen. Das Festlegen Ihrer Ziele ebnet den Weg zur Veränderung. Sie kultivieren ein größeres Selbstbewusstsein, indem Sie herausfinden, welches Leben Sie für sich am liebsten gestalten würden. Dies ist ein kraftvoller Prozess, der Geduld erfordert. Die größeren Ziele brauchen verständlicherweise mehr Zeit, also behalten Sie Ihre Vision für Ihr wiedergewonnenes Leben im Auge, während Sie sich kleinere Ziele setzen und darauf hinarbeiten, damit Sie sich vollendet, ermächtigt und fähig fühlen. Ich glaube aufrichtig an Sie!

KAPITEL 7. SYMPTOME DER CODEABHÄNGIGKEIT

Jeder Mensch hat Wunden. Manche Menschen haben mehr als andere. Haben Sie Angst vor Nähe, Einsamkeit, Verletzung, Kontrolle oder Beurteilung? Das sind deine Wunden, an denen der Code hängt. Du erkennst dieses oder jenes nicht. Tief in deinem Inneren glaubst du, dass das keine Rolle spielt. Leider schämen Sie sich aufgrund Ihrer Wunden dafür, wer Sie sind (ein Mensch zu sein), und verbergen dies vor anderen, sogar vor sich selbst. Das ist Verleugnung.

Versteckte Schande

Scham ist ein schmerzhaftes Gefühl von Unwürdigkeit, Entfremdung und Unzulänglichkeit. Manchmal fühlen Sie sich entblößt und entfremdet, genauso wie andere Menschen Ihre Fehler sehen können. Das führt dazu, dass Sie sich verstecken und unsichtbar werden wollen. Jeder Mensch ist schüchtern, selbst Menschen mit hohem Selbstwertgefühl, die sich im Allgemeinen gut fühlen. Scham ist gesund, wenn sie dich davon abhält, etwas zu tun, was im Allgemeinen als gesellschaftlich inakzeptabel gilt, z. B. in der Öffentlichkeit zu defäkieren oder in einer Bibliothek zu schreien. Die körperlichen Anzeichen für Scham sind die folgenden:

- Vermeiden Sie Sichtkontakt.
- Rückzug.
- Einfrieren.
- Schwitzen.
- Senken Sie die Schultern.
- Entlassen Sie den Kopf.
- Schwindelgefühl.
- Übelkeit.

Normalerweise geht die Scham auf ein peinliches Ereignis zurück, aber bei Co-Abhängigen wird die Scham durch Erfahrungen in der Kindheit verinnerlicht. Sie sitzt da und wartet darauf, aktiviert zu werden, und hält noch lange nach dem Ereignis an, wie eine offene Wunde, die nie verheilt ist. Sie schämen sich für das, was Sie sind. Es ist allgegenwärtig, lähmt die Spontaneität und definiert Sie. Sie müssen nicht glauben, dass Sie Liebe, Respekt, Erfolg oder Glück verdient haben. Sie glauben, dass Sie fehlerhaft, unzulänglich, falsch, ein Versager oder noch schlimmer sind.

Chronische innere Scham führt dazu, dass sich gewöhnliche Scham intensiver anfühlt und länger anhält, und Angstscham wird hauptsächlich erzeugt, um für sich selbst und andere Menschen akzeptabel zu sein. Extreme und lang anhaltende Scham kann zu Verzweiflung und Hoffnungslosigkeit führen oder eine psychische Taubheit hervorrufen, bei der man wie ein Zombie von innen getötet wird. Verinnerlichte Scham verursacht ein geringes Selbstwertgefühl und die meisten Co-Abhängigkeitssymptome wie Äußerlichkeiten, Sucht,

Kontrolle, Selbsterhaltung, Depression, mangelndes Durchsetzungsvermögen, Intimitätsprobleme und Perfektionismus.

Verinnerlichte Scham erzeugt ein chronisches Gefühl der Minderwertigkeit. Sie sind vielleicht neidisch und vergleichen sich negativ mit Menschen, die Sie bewundert haben. Sie glauben vielleicht, dass Sie nicht genug sind, dass Sie nicht genug tun, dass Sie nicht attraktiv, klug oder gut genug sind. Da Scham schmerzhaft ist, sind Sie sich Ihrer Scham vielleicht nicht bewusst und denken, Sie hätten ein gutes Selbstwertgefühl. Sie können mit Ihrem Selbstwertgefühl prahlen und sich denen überlegen fühlen, die Sie unterrichten, beaufsichtigen, Menschen einer anderen Klasse oder Kultur oder wen auch immer Sie beurteilen. Indem Sie andere abwerten, ist es besser, ihre Scham für sich selbst zu verleugnen und zu verstecken. Die meisten Co-Abhängigen schwanken zwischen dem Gefühl, minderwertig und besser zu sein.

Geringes Selbstwertgefühl

Während Scham ein Gefühl ist, spiegelt das Selbstwertgefühl wider, wie man über sich selbst denkt. Es ist eine Selbsteinschätzung. Das Selbstwertgefühl ist Ihre wahre Meinung über sich selbst. Ihr Selbstwertgefühl kann hoch oder niedrig sein, aber es basiert nicht darauf, was andere denken. Anstelle des Selbstwertgefühls (ein großes "S" zur Betonung der Selbsteinschätzung) suchen Co-Abhängige ihren Wert und ihre Gültigkeit bei anderen. Andere Menschen und Situationen lassen sie sich gut oder schlecht fühlen. Wir können sagen, dass der Co-Abhängige "fremdbestimmt" ist.

Sie wissen, wie es sich anfühlt, wenn Sie "ein schwieriges Projekt abschließen", "einen Wettbewerb gewinnen" oder "einen schönen Tag mit Ihren Freunden verbringen" müssen. Menschen mit hohem Selbstwertgefühl empfinden das meistens so. Die meisten Menschen fühlen sich entmutigt, wenn sie von ihrem Chef getadelt werden, einen finanziellen Rückschlag erleiden oder krank werden, aber diese Gefühle sind vorübergehend und zeugen nicht von echtem Selbstwertgefühl, weder positiv noch negativ. Ein gutes Selbstwertgefühl hängt nicht wesentlich von den äußeren Ereignissen ab. Sie werden sich nicht schlecht fühlen, wenn Ihnen etwas Schlimmes widerfährt, denn es ist ein äußeres Ereignis und kein Spiegelbild Ihres Wesens. Sie wissen, dass Sie die Ressourcen haben, sich zu erholen. Aber wenn Menschen mit geringem Selbstwertgefühl einen Verlust oder eine Enttäuschung erleiden, fühlen sie sich besiegt.

Wenn Sie kodependent sind, ist Ihr Selbstwertgefühl wahrscheinlich niedrig. Sie können Ihr Selbstwertgefühl auf Geld, Schönheit, Prestige oder herausragende Leistungen gründen (auch wenn Sie ein großartiger Vater sind), aber nichts davon ist Selbstwertgefühl. Wie würden Sie sich fühlen, wenn Sie Ihr Geld, Ihr Aussehen oder Ihr Prestige verlieren oder wenn Ihr Kind drogenabhängig wird? Was ist, wenn sie keine erfolgreichen, schönen, prominenten Persönlichkeiten sind, die sich selbst nicht mögen, sondern ganz normale, kluge Menschen? Ihr wirkliches Selbstwertgefühl beruht auf der Erbringung einer guten Leistung, oder Ihre

Handlungen sind durch den Wunsch motiviert, die Zustimmung oder Anerkennung anderer zu gewinnen, daher der Ausdruck "Du bist nur so gut wie deine letzte Leistung". Man würde möglicherweise nach einer "anderen" Einschätzung suchen. Sie halten vielleicht viel von sich selbst, ohne zu erkennen, dass dies alles auf diesen äußeren Faktoren beruht.

Weil sie sich von sich selbst abkoppeln, haben Co-Abhängige in der Regel Probleme mit dem Selbstvertrauen und damit, ihrer inneren Natur zu folgen. Sie können verwirrt sein oder sich nicht entscheiden, fragen Sie immer jemanden, der eine andere Meinung hat. Man kann nicht wissen, was man wirklich will und sich einem anderen beugen, um gewollt und geliebt zu werden. Wenn Sie Ihre Bedürfnisse und Wünsche kennen, können Sie sich diese ausreden lassen oder mit jemandem ausgehen, um Konflikte zu vermeiden - vor allem in engen Beziehungen.

Ein geringes Selbstwertgefühl kann dazu führen, dass man sehr kritisch ist und sich für so ziemlich alles an sich selbst die Schuld gibt - wie man sich fühlt, handelt, aussieht und was man braucht, denkt, sagt oder schafft. Sie können sogar hassen und sich ekeln. Wie die meisten Menschen sind sie sich wahrscheinlich des Ausmaßes ihrer Selbstverurteilung nicht bewusst. Das macht Sie empfindlich gegenüber Kritik und Sie fühlen sich kritisiert, obwohl Sie es nicht sind. Wenn Sie Komplimente, Zuwendung oder Geschenke erhalten, schämen Sie sich und entschuldigen sich, weil Sie das Gefühl haben, dass Sie es nicht verdient haben. Wenn man selbstkritisch ist, ist man auch anderen gegenüber kritisch.

Aber lassen Sie sich nicht entmutigen. Es gibt Hoffnung. Ihr Selbstwertgefühl ist erlernbar, und ein geringes Selbstwertgefühl kann in Selbstwertgefühl umgewandelt werden. Dieses Buch und seine Übungen sollen Ihnen helfen, diesen Weg zu beschreiten.

Nice-Being und People-Pretzel

Sie sind Co-Abhängige, die sich selbst nach außen kehren, um anderen entgegenzukommen. Sie sind nicht auf sich selbst konzentriert und wollen verzweifelt, dass andere sie bestätigen, nachdem sie sie lieben oder zumindest brauchen. Wenn das auf Sie zutrifft, wollen Sie sich selbst zu einer Stadtbrezel machen, um jemanden zu treffen, sich anzupassen und zu gewinnen, indem Sie die Akzeptanz einer anderen Person nutzen.

Sie fühlen sich ängstlich, weil andere mit Ihnen unzufrieden sind und Sie Ihren Bedürfnissen, Gefühlen und Meinungen den Vorrang vor Ihren eigenen geben. In der Tat, dass das Schweigen, manchmal sogar zu sich selbst, ihre eigenen Bedürfnisse, Gefühle, Gedanken und Werte werden, was geglaubt wird, erwartet oder von jemand anderem erforderlich, vor allem in romantischen Beziehungen - wo der Gummi trifft die Straße. Man versucht, sich anzupassen, perfekt und nett zu sein, gut auszusehen, Verantwortung zu übernehmen, gut zu sein und sich um andere zu kümmern, und versteckt dabei noch mehr seine Verletzungen, seine Scham und seinen Schmerz. Wenn Sie sich sehr unsicher fühlen, können Sie entweder die Handlungen und Gefühle des anderen nachahmen oder so tun, als ob Sie so fühlen und handeln würden, wie der andere es sich wünscht.

Je mehr Sie nach außen schauen, um zu messen, wie Sie fühlen, denken und handeln müssen, desto größer ist die Entfernung von Ihrem inneren Wesen, und desto stärker ist das Bedürfnis und die Abhängigkeit von etwas oder jemandem, so wie ein Süchtiger Medikamente nimmt, um das Vakuum zu füllen, das durch die Trennung von seinem Selbst entsteht. Das Vergnügen verschafft nur eine vorübergehende Erleichterung und schafft ein Bedürfnis nach mehr, bis die Anziehung zu diesem "Anderen" zu einer Sucht wird.

Schuld - "Es tut mir immer leid"

Schuld ist etwas anderes als Scham. Während Scham ein schlechtes Gefühl ist, das Sie über sich selbst als Person haben, ist Schuld ein Gefühl über das, was Sie gesagt oder getan haben, das gegen Ihre Normen, ein Gesetz oder einen ethischen Grundsatz verstößt, wie zum Beispiel jemanden zu verletzen. Für den Co-Abhängigen ist es schwierig, Schuldgefühle loszulassen und zu verarbeiten, wenn sie mit unterschwelligen Schamgefühlen verbunden sind. Sie fühlen sich vielleicht schuldig ("Ich hätte das nicht tun dürfen"), gefolgt von Scham ("Ich bin so egoistisch oder ein Verlierer usw.").

David ist ein Buchhalter. Am Samstag merkt er, dass er einen Fehler in der Steuererklärung eines Kunden gemacht hat. Er hat es weder dem Kunden noch dem Finanzamt angeboten, aber David war so schuldbewusst und wütend zugleich, dass er nicht bis Montag warten konnte, um den Fehler zu berichtigen. Er unterbrach den Ausflug einer Familie, um sein Büro zu überprüfen. Seine ungesunden Schuldgefühle rauben ihm den Seelenfrieden, und das löst verinnerlichte Scham aus.

Gefühle sind ein Teil unserer Menschlichkeit, aber Co-Abhängige fühlen sich schuldig und schämen sich ihrer. Sie fragen sich, was normal ist, und verurteilen ihre Gefühle. Sie sagen sich vielleicht, dass Sie nicht so fühlen sollten, wie Sie es tun, und fühlen sich schuldig, wenn Sie wütend sind, oder Sie denken, dass mit Ihnen etwas nicht stimmt, wenn Sie jetzt traurig oder deprimiert sind. Sie erinnern sich an Ereignisse und Gespräche in der Vergangenheit und geben sich selbst die Schuld für vermeintliche "Fehler".

Die schwer fassbare Suche nach Perfektion

Perfektion gibt es nicht in der Welt, sondern nur im Geist eines Perfektionisten. Dies ist eine Illusion, die Norm ist immer unerreichbar. Als Perfektionist weiß man nie, was gut genug ist. Sie scheitern immer in Ihrem Kopf. Natürlich führt der Selbstvergleich mit idealen Standards zu ständiger Selbstbeurteilung und Selbstbeschämung - nicht nur für ein bestimmtes Verhalten, sondern für Sie als Person.

Wie bei David, dem Gegenspieler im obigen Beispiel, ist die Handlung zwanghaft auf die Suche nach Perfektion ausgerichtet. Die Kombination aus Scham, Schuldgefühlen und Perfektionismus ist besonders kontraproduktiv, wenn man die Liebe von jemandem sucht, der nicht in der Lage ist zu lieben oder sie nur sporadisch zu geben. Man bemüht sich noch mehr, perfekt zu sein und Liebe zu gewinnen, um sich selbst zu beweisen, dass man der Liebe würdig ist, um sein Selbstwertgefühl zu bestätigen und seine inneren Schamgefühle zu unterdrücken.

Einige Mitarbeiter, die versuchen, ihren Wert zu beweisen, zeigen, dass ihr Zwang durch die verinnerlichte Scham über ihre Schwächen angetrieben wird. Ein Schüler, der von Einsen in Prüfungen besessen ist, ist ein von Scham getriebener Perfektionist. Andere versuchen nicht, irgendetwas zu erreichen, weil sie denken, sie seien hoffnungslose Versager. Schüler, die die beschämenden Botschaften glauben, dass sie faul, Versager oder dumm sind, sind nicht in der Lage, in der Schule gute Leistungen zu erbringen.

Ein anderes Beispiel ist eine Frau, deren Aussehen immer perfekt sein sollte. Sogar ihre Wohnung muss makellos sein. Ihr peinliches Personal wird in ihre Umgebung projiziert, die sie als ein Spiegelbild ihres unerträglichen und fehlerhaften Selbst sieht. Etwas, das absplittert, verstaubt oder nicht an seinem Platz ist, kann schmerzhafte Ängste auslösen, die sie nur dadurch eindämmen kann, dass sie es in Ordnung bringt, anstatt ihre Gefühle über sich selbst in Ordnung zu bringen.

KAPITEL 8. CO-ABHÄNGIGE UND IHRE PERSÖNLICHKEITEN

Eines der größten Probleme mit abhängigem Verhalten ist die Tatsache, dass viele Menschen die verschiedenen Formen, die es annehmen kann, nicht erkennen. Nur weil der Begriff "Co-Abhängigkeit" ein einheitlicher Begriff ist, bedeutet das nicht, dass er nur ein Gesicht hat. Vielmehr ist es ein bisschen wie mit Eiscreme. Auch wenn Eiscreme nur eine Sorte ist, gibt es sie in vielen, vielen Geschmacksrichtungen. Das Gleiche kann man über die Co-Abhängigkeit sagen. Obwohl es sich um eine einzige Krankheit handelt, kann sie in vielen, vielen Formen auftreten. Deshalb müssen Sie die verschiedenen Gesichter der Co-Abhängigkeit kennen lernen, um die Anzeichen dafür zu erkennen, dass Sie sich in einer Co-Abhängigkeitsbeziehung befinden.

Missbräuchliches Verhalten

Die extremste Form des abhängigen Verhaltens ist das missbräuchliche Verhalten. Mit dieser Kategorie sind die meisten Menschen bereits vertraut und bringen sie daher leicht mit abhängigen Beziehungen in Verbindung. Von den verschiedenen Arten des Missbrauchs ist die körperliche Misshandlung eine der extremsten, aber glücklicherweise auch eine der am wenigsten verbreiteten. In den meisten Fällen handelt es sich bei den von körperlicher Misshandlung betroffenen Beziehungsformen um Eltern-Kind-Beziehungen und Beziehungen zwischen Ehemann und Ehefrau. Es ist selten, dass irgendeine Art von Freundschaft körperlich missbraucht wird, vor allem nicht in dem Ausmaß, wie es für eine Co-Abhängigkeit erforderlich ist.

In der Beziehung zwischen Eltern und Kind erfolgt die körperliche Misshandlung häufig in Form von Bestrafung. Ein Elternteil schlägt sein Kind, um es für eine Handlung zu bestrafen, die es für falsch und unerwünscht hält. Viele Menschen haben ihre Kinder von Zeit zu Zeit körperlich bestraft, vor allem, wenn sie etwas Gefährliches getan haben, was die Eltern zu einer emotionalen Reaktion veranlasst hat. Ein Schlag auf die Hand eines Kindes oder sogar ein Klaps auf den Hintern ist jedoch keine körperliche Misshandlung im eigentlichen Sinne. Körperliche Misshandlung liegt vielmehr vor, wenn ein Elternteil sein Kind unbarmherzig schlägt.

Außerdem deuten Utensilien wie Ledergürtel, Holzlöffel oder ähnliches auf Missbrauch hin. Man muss keinen Gürtel benutzen, um seinen Standpunkt klar zu machen; daher ist eine solche Handlung extrem und deutet auf eine tiefere, unheilvollere Ursache hin. Ein Kind zu schlagen, geschieht oft, um die Kontrolle über sein Verhalten zu erlangen, und hier kommt der abhängige Charakter dieser Handlung ins Spiel. Jedes Mal, wenn eine Person versucht, die Gedanken, Gefühle oder Handlungen einer anderen Person zu kontrollieren, handelt es sich um ein ko-abhängiges Verhalten.

Schließlich gibt es noch eine Form des Missbrauchs, die psychologisch ist. Dies ist die aufwändigste Form, da sie viel Überlegung und Planung erfordert, um sie durchzuführen. Auch wenn psychische Misshandlung nicht als so schädlich wie körperliche Misshandlung angesehen wird, ist sie in Wirklichkeit genauso verheerend und die Person, die sie begeht, ist genauso gefährlich. Die häufigste Form der psychischen Misshandlung ist der Angriff auf das Selbstwertgefühl einer Person. Dies kann in Form von Angriffen auf das Aussehen einer Person geschehen, indem sie als fett, hässlich, dünn oder mit anderen abwertenden Begriffen bezeichnet wird, die ihr das Gefühl geben, anderen unterlegen zu sein. Sie kann auch in Form eines Angriffs auf die Fähigkeiten einer Person erfolgen, z. B. auf ihren Intellekt, ihr Gedächtnis oder ihre Fähigkeit, bestimmte Aufgaben auszuführen.

Niedriges Selbstwertgefühl Verhalten

Abhängige Verhaltensweisen können auch von der Seite des Opfers einer abhängigen Beziehung kommen. In diesen Fällen sind die Verhaltensweisen nicht missbräuchlich, sondern in Form und Zweck unterwürfig. Schließlich ist die Co-Abhängigkeit eine Zweibahnstraße, die sowohl einen Nehmer als auch einen Geber erfordert. Deshalb ist es genauso üblich, dass Geber in all ihren Beziehungen kodependentes Verhalten an den Tag legen, wie es bei Nehmern der Fall ist. Obwohl die Verhaltensweisen der Gebenden sicherer sind und sogar vorteilhafter erscheinen, sind sie dennoch genauso dysfunktional. Sie müssen genauso behoben werden wie die Verhaltensweisen der Nehmer.

In den meisten Fällen handelt es sich bei den Verhaltensweisen der Geber um ein Verhalten mit geringem Selbstwertgefühl. Ein solches Beispiel ist das Bedürfnis, anderen Menschen zu gefallen. Auch dieses Verhalten ist nicht unbedingt etwas Schlechtes. Schließlich möchte jeder gute Freund sicherstellen, dass seine Freunde glücklich sind und gut versorgt werden. Es ist jedoch die extreme Ausprägung dieses Verhaltens, die auf eine Co-Abhängigkeit hindeutet. Es ist in Ordnung, wenn man es anderen von Zeit zu Zeit recht machen will, aber es ständig allen recht machen zu müssen, ist etwas ganz anderes. Doch genau das ist das Wesen von kodependentem Verhalten, wie es von Gebern gezeigt wird. Wenn Sie jemanden sehen, der ständig versucht, es allen um ihn herum recht zu machen, wissen Sie, dass er ein Geber ist und Hilfe braucht. Das Gleiche gilt, wenn Sie das Gefühl haben, dass Sie es immer allen um Sie herum recht machen müssen.

Dieses Verhalten kann in extremeren Fällen, in denen der Geber das Bedürfnis verspürt, nicht nur alle zufrieden zu stellen, sondern auch die Probleme im Leben der anderen zu lösen, auf die nächste Stufe gehoben werden. Das zwanghafte Bedürfnis, die Probleme anderer zu lösen, ist ein klassisches Anzeichen für ko-abhängiges Verhalten des Gebers. Auch hier wird jeder gute Freund Ratschläge geben wollen, wenn jemand Probleme im Leben hat; eine kodependente Person wird jedoch nicht nur Ratschläge geben, sondern einspringen und den Tag retten wollen. Dieses Bedürfnis, das Leben anderer Menschen in Ordnung zu bringen, ist gefährlich, da es nicht nur den Geber übermäßig belastet, sondern auch denjenigen, dessen

Leben er zu retten versucht. In den meisten Fällen versucht der Geber, sich einzumischen und die Verantwortung zu übernehmen, weil er glaubt, dass seine Bemühungen normal sind und das Ergebnis die Mittel heiligt. Das kann dazu führen, dass sie überheblich werden, was die Identität eines Gebers verschleiern kann, da sie normalerweise unterwürfig und passiv sind.

Verweigerungsverhalten

Die dritte Art des kodependenten Verhaltens ist das so genannte Verleugnungsverhalten. Dies bedeutet, dass die Person die Realität einer Situation nicht akzeptieren kann und daher die Realität so umschreibt, dass sie ihren Bedürfnissen entspricht. Ein solches Verhalten kann sowohl vom Gebenden als auch vom Nehmenden in einer ko-abhängigen Beziehung gezeigt werden. Der Hauptunterschied zwischen den beiden ist, dass der Nehmer die Realität umschreibt, um sich selbst besser darzustellen. Im Gegensatz dazu schreibt der Gebende die Realität um, um andere besser dastehen zu lassen. In beiden Fällen besteht das Kernverhalten darin, die Realität zu verleugnen und sie durch etwas zu ersetzen, das die Person für wünschenswerter hält.

Das vielleicht häufigste Verleugnungsverhalten ist die Verleugnung selbst. Beim Nehmer äußert sich dies darin, dass er jedes Mal, wenn etwas schief geht, seine Verantwortung leugnet. Selbst wenn alle Fakten eindeutig darauf hindeuten, dass der Nehmer die alleinige Verantwortung für eine Situation trägt, leugnet er, dass er in irgendeiner Form die Schuld trägt. Dieses Leugnen ist oft zu beobachten, wenn ein Nehmer seinen Arbeitsplatz verliert. Selbst wenn sie wegen schlechter Leistungen, Verstößen gegen die Vorschriften oder aus einem anderen Grund, der allein ihre Schuld ist, entlassen werden, leugnen sie die Tatsachen und schieben die Schuld auf etwas ganz anderes. Sie geben vielleicht der Wirtschaft die Schuld und behaupten, ihr Unternehmen habe Stellen abgebaut, sie aber entlassen, um nicht arbeitslos zu werden. Noch schlimmer ist es, wenn sie zwar zugeben, dass ihre Leistung schuld ist, die Schuld aber auf ihr Privatleben schieben und so die Schuld auf jemand anderen abwälzen, z. B. auf ihren Ehepartner oder ihre Eltern. Auf jeden Fall werden sie niemals zulassen, dass die Schuld direkt auf ihre Schultern fällt. Stattdessen werden sie ihre Rolle bei allem, was schief läuft, leugnen, egal wie offensichtlich diese Rolle auch sein mag.

Schließlich gibt es noch das Leugnungsverhalten unrealistischer Hoffnungen. Wenn eine Person realistische Hoffnungen und Erwartungen verleugnet und sich stattdessen dafür entscheidet, an etwas zu glauben, das vollständig auf Fantasie und Einbildung beruht. Im Fall des Nehmers nimmt dieses Verhalten die Form des Glaubens an, dass sich alles, was im Leben schief läuft, irgendwie von selbst lösen wird, ohne dass der Einzelne etwas dafür tun muss. Anstatt die Verantwortung für seine Rolle in den Ereignissen zu übernehmen, verlässt sich der Nehmer darauf, dass ein Retter kommt und ihn aus einem Leben rettet, das unter seinem wahren Wert liegt. Alternativ dazu wird ein Geber in der Illusion leben, dass sich seine Situation verbessern wird, wenn der Nehmer in seinem Leben den Fehler seines Handelns erkennt und beginnt, ein normales, gesundes Leben zu führen. Leider wird dies wahrscheinlich nie geschehen, doch anstatt die Unvermeidbarkeit ihrer Situation zu akzeptieren, hoffen die Geber auf das sprichwörtliche Wunder, das sie aus ihrem Leben des Leidens erlösen wird.

Verhalten des Opfers

Die letzte Art von kodependentem Verhalten, die zu berücksichtigen ist, wird als Opferverhalten bezeichnet. Hier sieht sich die Person, sowohl der Nehmer als auch der Geber, als das Opfer in der Beziehung und verhält sich entsprechend. In beiden Fällen zielt dieses Verhalten darauf ab, Sympathie und Unterstützung zu erzeugen und der Person den Auftrieb zu geben, den sie braucht, um sich selbst besser zu fühlen. Das Opferverhalten führt jedoch nur dazu, dass sich beide Parteien am schlechtesten fühlen, wodurch eine ko-abhängige Beziehung aufrechterhalten wird, unter der alle Parteien leiden.

Im Falle des Nehmers ist eine der häufigsten Formen des Opferverhaltens die Hypochondrie. Sie hat ihre Wurzeln in Krankenhäusern, wo die Opfer von Verletzungen oder Krankheiten süchtig nach der Pflege und Unterstützung durch die Menschen in ihrer Umgebung werden. Sie entscheiden sich dann für einen ständigen Schmerz- oder Krankheitszustand, um weiterhin Aufmerksamkeit zu erhalten. Hypochondrisches Verhalten breitet sich jedoch in jedem Umfeld aus, auch am Arbeitsplatz, zu Hause und überall dort, wo eine ko-abhängige Beziehung bestehen kann. Die Quintessenz ist, dass der Nehmer ein Problem schafft, das seine Unfähigkeit, für sich selbst zu sorgen, rechtfertigt, während er gleichzeitig das Bedürfnis erzeugt, von einem anderen gepflegt zu werden. Dies kann in Form einer tatsächlichen körperlichen Krankheit oder eines Leidens geschehen oder in Form einer allgemeinen Unfähigkeit, für sich selbst zu sorgen. Unwissenheit, Versagensängste, Unsicherheit und Ähnliches können als Vorwand dienen, um sich vor der Verantwortung zu drücken und zusätzliche Pflege und Aufmerksamkeit vom Geber zu erhalten. Kurz gesagt, ein Nehmer wird alles tun, um Sympathie zu erwecken, denn das ist es, wonach er sich am meisten sehnt.

Schließlich gibt es noch das Opferverhalten, das als Märtyrermentalität bekannt ist. Dieses Verhalten kann sowohl von Nehmern als auch von Gebern praktiziert werden. Im Falle des Nehmers erschafft die Person eine Erzählung, in der sie alles für das Glück und das Wohlergehen anderer opfert. Ironischerweise projizieren sie damit die eigentliche Rolle des Gebenden auf sich selbst. Noch ironischer ist, dass der Geber in der Regel in dieses Narrativ einsteigt und dem Nehmer für seine Opfer dankt, obwohl diese Opfer in der Regel keine Grundlage in der Realität haben. Der Nehmer kann zum Beispiel behaupten, dass er durch die Heirat mit dem gebenden Ehepartner viele andere Träume aufgegeben hat, die er sonst verfolgt hätte.

KAPITEL 9. NARZISSTISCHE ABHÄNGIGKEIT UND CODEABHÄNGIGKEIT

Wenn ein Narzisst eine lange Beziehung zu seinem Opfer hatte, kann es zu einer Co-Abhängigkeit kommen. Die Co-Abhängigkeit kann gegenseitig oder einseitig sein. Zum Beispiel könnte der Narzisst vom Opfer abhängig sein, um seine Bedürfnisse zu erfüllen, oder das Opfer könnte vom Narzissten abhängig sein, um seine Bedürfnisse zu erfüllen. Sie könnten auch voneinander abhängig sein.

Lassen Sie uns zunächst die Co-Abhängigkeit ein wenig genauer definieren. Kodependenz ist etwas, das innerhalb einer Beziehung existiert. Es ist ein Zustand in einer Beziehung, in dem eine Person von der anderen manipuliert oder kontrolliert wird. Dies ist oft das Ergebnis von Zuständen wie Drogenmissbrauch oder Narzissmus. Dadurch wird die Beziehung vollständig von den Bedürfnissen oder Wünschen der narzisstischen Person oder des Süchtigen abhängig, da die andere Person in eine Lage versetzt wird, in der sie sich um deren Bedürfnisse kümmern oder dafür sorgen muss, dass sie sich in einer bestimmten Situation wohl fühlt. Kodependenz kann zwischen zwei Menschen in einer romantischen Beziehung, in einer Familiendynamik oder in einer Freundschaft bestehen. Sie kann auch innerhalb einer größeren Gruppe auftreten, z. B. in einer Familie, wo jeder dafür verantwortlich ist, dass die Bedürfnisse eines Mitglieds erfüllt werden.

Die Beziehung zwischen Narzissmus und Co-Abhängigkeit

Wenn es um Co-Abhängigkeit geht, geschieht dies am häufigsten, wenn die Menschen in der Beziehung in Bezug auf ihre Persönlichkeiten im Gleichgewicht sind. In ko-abhängigen Beziehungen haben die beiden Personen unterschiedliche Rollen. Es gibt den Narzissten oder den Süchtigen, und es gibt den Beschwichtiger oder den Fixer. Für einen Narzissten/Süchtigen kann es mehrere Erfüllungsgehilfen/Fixierer geben. Der Erfüllungsgehilfe ist in der Regel ruhiger, weniger selbstbewusst, nachgiebig, bereit, sich für einen anderen zu opfern, und ist ganz auf die Bedürfnisse und Wünsche des anderen fixiert. Der andere (der Narzisst) ist in der Regel viel egozentrischer, lautstarker und aggressiver, kontrollierender, egoistischer und übermächtiger.

Narzissmus und Co-Abhängigkeit sind eng miteinander verbunden, da narzisstische Menschen oft in Co-Abhängigkeitsbeziehungen verwickelt sind. Das liegt daran, dass sie ständige Aufmerksamkeit brauchen, und wenn diese nicht gegeben wird, neigen sie dazu, der anderen Person das Gefühl zu geben, wertlos zu sein oder sich selbst schlecht zu fühlen, wodurch sie diese Person dazu bringen, das zu tun, was sie will, oder ihr zu geben, was sie will. Sie wollen zum Beispiel, dass die andere Person ihnen sagt, dass es ihnen gut geht, dass sie erfolgreich sind und dass sie sich nichts anderes wünschen, als mit dieser Person zusammen zu sein. Wenn sie das nicht bekommen, geben sie der Person ein schlechtes

Gewissen, indem sie Dinge sagen wie: "Du interessierst dich nicht einmal für mich" oder "Du bist egoistisch" oder "Du interessierst dich für nichts außer für dich selbst". Mit diesen Aussagen bringen sie ihren Partner dazu, sich selbst in Frage zu stellen. Sie beginnen, sich Fragen zu stellen wie: "Bin ich egoistisch?" "Denke ich nur an mich selbst?" Dadurch geraten sie in einen Kreislauf, in dem sie die Bestätigung ihres Partners brauchen, so dass sie beginnen, sich um die Ego-Bedürfnisse ihres Partners zu kümmern, und im Gegenzug ein "Danke" hören. "Du bist großartig." "Du bist so hilfreich." Und so weiter.

Nach einiger Zeit in einer solchen Beziehung wird die Person nicht mehr wissen, was normal ist, und sie kann in diesem Muster des Gebens und Kümmerns um den Narzissten stecken bleiben, um sich selbst gut zu fühlen. Wenn diese beiden Menschen in einer romantischen Beziehung zusammenkommen und einer von ihnen ein Narzisst ist, wird sich daraus wahrscheinlich eine ko-abhängige Beziehung entwickeln. Diese beiden Menschen sind gegensätzlich, ergänzen sich aber insofern, als sie in dieser dysfunktionalen kodependenten Beziehung zusammenarbeiten.

Die Rollen innerhalb einer narzisstischen Beziehung

Es gibt verschiedene Arten von narzisstischen Beziehungen. Wenn Sie die einzelnen Typen verstehen, können Sie besser feststellen, in welcher Beziehung Sie sich befinden. Die beiden Standardtypen sind der Gefälligkeitsfetischist und der Narzisst/Süchtige.

Der Schönmacher und Fixierer

Der "Pleaser" weiß nicht, wie man eine gesunde und nicht abhängige Beziehung führt, weil er sich nach den Bedürfnissen anderer verzehrt. Diese Art von Beziehung ist schädlich für den "Pleaser" und schadet seinem Selbstwertgefühl und seiner psychischen Gesundheit. Sie suchen sich immer wieder Partner, die ihre passive und unterwürfige Natur ausgleichen, so dass sie am Ende mit Narzissten zusammenkommen, die das Gegenteil von ihnen sind. Sie sind sehr anpassungsfähig, so dass sie am Ende den lauteren und durchsetzungsfähigeren Persönlichkeiten folgen, die oft Narzissten sein können. Auf den ersten Blick sind sie aufgrund ihres Selbstbewusstseins charmant, und das zieht den "Pleaser" an. Sie sind von ihrem Gegenüber begeistert und haben das Gefühl, dass diese Person sie ausgleichen wird. Zu Beginn dieser Art von Beziehung sind beide von der Persönlichkeit des anderen begeistert. Sie freuen sich, dass sie ein Gegenüber gefunden haben, das sie ausbalanciert und zu ihrer Persönlichkeit passt. Wenn diese Phase vorbei ist, bleiben sie jedoch in einer dysfunktionalen Beziehung zurück, in der es zu Konflikten, Schuldzuweisungen, Beschämung und dem Gefühl der Vernachlässigung kommt. Trotzdem brauchen beide Partner die Beziehung. Auch wenn sie ihnen keine Befriedigung, Liebe oder Glück bringt, brauchen beide die Beziehung. Obwohl die Beziehung gestört ist, geht sie weiter, und seltsamerweise funktioniert sie auch. Da beide Menschen entgegengesetzte, aber komplementäre Persönlichkeiten und Beziehungsstile haben, funktioniert die Beziehung, da der Narzisst die Kontrolle und die Macht übernimmt und der Gefälligkeitsnarzisst sie bereitwillig abgibt.

In einer kodependenten Beziehung gibt derjenige, der es seinem Partner recht machen will, Tag für Tag, ohne viel dafür zu bekommen. Sie machen so weiter, weil es die einzige Möglichkeit ist, mit einer anderen Person in Beziehung zu treten. Sie tun dies in der Hoffnung, dass sie eines Tages von ihrem Partner gesehen werden, dass ihr Partner eines Tages all das sieht, was sie getan haben, und ihnen endlich etwas zurückgibt. Dieser Tag wird jedoch nie kommen. Sie sehen diese Aufopferung und dieses Geben als Ausdruck der Liebe und als Beweis ihrer Gefühle für ihren Partner und betrachten es als eine positive Eigenschaft. Das hindert sie jedoch nicht daran, sich benutzt und ausgenutzt zu fühlen. Sie wünschen sich, im Gegenzug geliebt und gewürdigt zu werden, aber da sie einen Narzissten als Partner gewählt haben, wird dies nicht geschehen.

Sie tun so, als ob sie diesen Kreislauf, in den sie geraten sind, genießen, aber tief im Inneren empfinden sie Groll und Wut über diese Situation. Sie sind traurig, dass sie so viel geben und nichts bekommen. Sie haben das Gefühl, dass sie so weitermachen müssen, da sie sich nur aufgrund dessen, was sie opfern können, als würdig ansehen, nicht aber aufgrund dessen, was sie sind. Sie entwickeln Gefühle der Hilflosigkeit, die sich für sie real anfühlen. Sie haben das Gefühl, dass sie nicht mehr wertgeschätzt werden, wenn sie aufhören, ihr Glück für eine andere Person zu opfern. So bleiben sie in dieser Beziehung. Sie sitzen fest. Der Widerspruch besteht darin, dass sie aufgrund der Wahl ihres Partners ohnehin nicht für ihren Beitrag geschätzt werden.

Diese Person wünscht sich eine ausgewogene und harmonische Beziehung, aber sie hat sich durch ihre Entscheidungen selbst dieser Möglichkeit beraubt. Sie sind sich nicht bewusst, dass sie sich das selbst angetan haben, denn das ist etwas, das sie in der Kindheit gelernt haben. Sie bleiben in dieser Beziehung, wie jemand in einer missbräuchlichen Beziehung bleibt. Sie bleiben, weil sie sich unwürdig fühlen und weil sie glauben, dass diese Person das Beste ist, was sie verdient haben.

Der Narzisst und der Süchtige

Der narzisstische Partner fühlt sich aus seinen eigenen Gründen zu dieser Art von Beziehung hingezogen. Indem er eine Person wählt, die gibt, sich aufopfert und sich mit seinen Bedürfnissen beschäftigt, fühlt er sich mächtig und geschätzt. Da der Narzisst selbstsüchtig ist und ständig Aufmerksamkeit braucht, kann der "Pleaser" ihm diese geben, ohne Fragen zu stellen, da er es als seine Pflicht ansieht, zu lieben. Sie sind in der Lage, die Kontrolle und Macht über jeden Aspekt der Beziehung zu behalten, weil der von ihnen gewählte Partner ihnen das erlaubt. Der Partner, den sie gewählt haben, hat sie auch aus diesem Grund gewählt. Wenn man diese Art von Beziehung eingeht, sind die Erwartungen von Anfang an festgelegt. Der Narzisst weiß, dass diese Person nicht gegen ihn um die Macht kämpfen wird, sondern ihn vielmehr dazu ermutigen wird. Der Narzisst ist in der Lage, nicht nur die Beziehung, sondern auch seinen Partner zu kontrollieren.

Diese Dynamik kann auch zwischen mehr als zwei Personen bestehen, z. B. in einer Familie, in der alle Mitglieder die Verantwortung dafür tragen, dass die Bedürfnisse des Süchtigen oder des Narzissten erfüllt werden. In einer solchen Familieneinheit führt der Narzisst den Haushalt, während alle anderen die Anerkennung des Narzissten suchen, indem sie sich um seine Bedürfnisse kümmern. In solchen Familien haben die Menschen oft das Gefühl, dass sie sich in der Nähe des Narzissten "wie auf Eierschalen" bewegen müssen, um keine Konflikte zu verursachen oder Beleidigungen oder Beschimpfungen seitens des Narzissten zu provozieren.

Narzissmus in der Kindheit

Sie fragen sich vielleicht, wie Menschen in diese Art von Beziehungsdynamik geraten. Sie fragen sich vielleicht, wie man in einer solchen Beziehung landen kann, in der man entweder kontrollieren oder kontrolliert werden muss. Diese Muster werden in der Kindheit geformt. Wenn Sie ein Kind sind, verhalten Sie sich Ihren Eltern gegenüber so, wie es Ihnen vorgelebt wird, da Sie keine andere Art der Interaktion oder des Verhaltens in einer Beziehung kennen. Wenn Sie als Kind einen narzisstischen Elternteil haben, wird er Sie beschämen oder Ihnen das Gefühl geben, dass Sie seiner Liebe nicht würdig sind, wenn Sie nicht alle seine Bedürfnisse und Wünsche erfüllen. Das können Dinge sein wie Schweigen, ihnen aus dem Weg gehen, Dinge für sie tun und so weiter. Anstatt dass sie sich um Ihre Bedürfnisse kümmern, sind Sie dafür da, dass sie sich wohl fühlen. Dieser narzisstische Elternteil kann von dir verlangen, dass du still bist und in deinem Zimmer bleibst; andernfalls wird er dich anschreien und beschimpfen. Als Kind lernst du, deine Gefühle und Bedürfnisse für dich zu behalten, um nicht angeschrien und verbal angegriffen zu werden. Du hältst dich vom Zorn deines narzisstischen Elternteils fern, um dich kurzfristig wohler zu fühlen, und lernst nicht nur, dich um deine eigenen Bedürfnisse zu kümmern, sondern auch um die Bedürfnisse dieses Elternteils. Diese Bedürfnisse sind nicht nur körperlicher Art, wie z. B. das Zubereiten von Essen oder das Anschauen von Fernsehsendungen, sondern auch emotionaler Art, wie z. B. das Anhören ihrer Probleme und Schimpftiraden oder das Verhindern, dass sie an Ihnen oder anderen Familienmitgliedern explodieren.

KAPITEL 10. WIE MAN EINE KODEXABHÄNGIGE BEZIEHUNG ÄNDERT

Es beginnt mit Selbstliebe; Aufbau von Selbstwertgefühl

Ein positives Selbstbild ist eine der Grundvoraussetzungen für den Aufbau guter Beziehungen. Es mag ein Klischee sein, aber zu erwarten, dass jemand einen liebt, wenn man sich selbst nicht lieben kann, ist ein Trugschluss. Bevor Sie sich auf eine Beziehung einlassen, sollten Sie zunächst sicherstellen, dass Sie ein hohes Selbstwertgefühl haben.

Ihr Selbstwertgefühl beruht in erster Linie auf der Meinung, die Sie von sich selbst haben. Es ist keine Überraschung, dass in den meisten Abhängigkeitsbeziehungen eine Person mit geringem Selbstwertgefühl versucht, von ihrem Partner Bestätigung zu bekommen. Das bedeutet, dass sie sich auf eine Beziehung einlassen in der Erwartung, dass die andere Person ihnen ein besseres Selbstwertgefühl gibt.

Wenn Sie ein negatives Selbstbild haben, wird es sehr schwierig, eine gesunde Beziehung zu führen. Sie werden versuchen, die Teile von sich zu verbergen, die Sie für fehlerhaft halten, um der anderen Person zu gefallen. Auf diese Weise verhindern Sie, dass eine echte emotionale Verbindung entsteht, da Sie nicht aufrichtig sind.

Es ist immer wieder seltsam, wie sich Menschen fühlen können, wenn wir nicht aufrichtig sind. Haben Sie sich schon einmal mit jemandem verabredet und das Gefühl gehabt, dass er falsch oder trügerisch ist? Das liegt daran, dass wir einen Instinkt haben, der uns spüren lässt, was die andere Person fühlt. Wenn Sie immer den Eindruck erwecken, dass Sie etwas verbergen, wird es schwierig, eine sinnvolle Beziehung aufzubauen.

Aus diesem Grund ist ein gesundes Selbstwertgefühl für eine gute Beziehung unerlässlich. Es gibt Ihnen die Freiheit, Sie selbst zu sein und offen für den Austausch und die Verbindung mit anderen zu sein. Sie brauchen Ihre Gefühle nicht zu verstecken oder zu tarnen, weil Sie akzeptieren und lieben, wer Sie sind. Das Tolle am Selbstwertgefühl ist, dass man es kultivieren und aufbauen kann. Wenn Sie ein negatives Selbstbild haben, können Sie das allmählich ändern und eine selbstbewusste und positive Person werden. Hier sind einige einfache Möglichkeiten, ein positives Selbstbild zu entwickeln:

Schluss mit den negativen Selbstgesprächen

Manchmal sind wir selbst unsere größten Kritiker, und das untergräbt langsam unser Selbstwertgefühl, bis es den Tiefpunkt erreicht. Seien Sie nett zu sich selbst; hören Sie auf, Ihr Aussehen, Ihre Leistung oder Ihren Status im Leben zu bemängeln. Lernen Sie zu lieben, wer Sie sind, indem Sie Ihre Stärken schätzen. Verscheuchen Sie die negativen Gedanken und wechseln Sie zu einer positiven Einstellung. Die Menschen behandeln uns so, wie wir sie lehren, uns zu behandeln. Wenn Sie sich ständig selbst herabsetzen, brauchen Sie sich nicht zu wundern, wenn andere Ihrem Beispiel folgen und anfangen, es Ihnen gleichzutun.

Trainieren Sie, Ihre Gedanken zu kontrollieren, indem Sie sich bewusst machen, was Sie denken. Wenn sich negative Gedanken festsetzen, kontern Sie sie mit positiven Gedanken. Positive Selbstbestätigung mit Hilfe von Mantras kann dazu beitragen, jahrelange negative Selbstgespräche auszulöschen. Suchen Sie sich ein Mantra aus, das Sie am meisten inspiriert, und wiederholen Sie es so oft wie nötig für sich selbst.

Hören Sie auf, sich mit anderen zu vergleichen

Wenn du dich ständig mit anderen vergleichst, wirst du enttäuscht werden. Es gibt immer jemanden, der besser und jemand, der schlechter dran ist als Sie. Laufen Sie Ihr eigenes Rennen und konzentrieren Sie sich darauf, sich weiterzuentwickeln, anstatt Ihre Fortschritte mit denen anderer zu vergleichen.

Sie müssen nicht mit sechsundzwanzig verheiratet sein, nur weil Ihr Freund es war, oder eine Yacht haben, weil Ihr alter Freund vom College eine hat. Jeder Mensch hat einen anderen Weg. Lernen Sie, Ihrem Weg zu vertrauen und zu akzeptieren, dass Ihr Leben in dem für Sie richtigen Tempo verläuft.

Nicht mehr nach Perfektion streben

Wenn Sie an sich selbst ständig unmögliche Maßstäbe anlegen, dann ist die Entwicklung eines negativen Selbstbildes vorprogrammiert. Wenn Sie hart mit sich ins Gericht gehen, weil Sie unrealistischen Idealen oder Zielen nicht gerecht werden können, wird nicht nur Ihr Selbstwertgefühl beeinträchtigt, sondern es fällt Ihnen auch schwer, sich selbst zu akzeptieren.

Konzentrieren Sie sich auf das, was Sie ändern können

Wenn Sie sich in Umständen verfangen, die Sie nicht ändern können, fühlen Sie sich hilflos. Konzentrieren Sie sich immer auf Dinge, die Sie ändern können. Wenn Sie zu viel Energie darauf verwenden, sich über Dinge zu sorgen, die sich Ihrer Kontrolle entziehen, behindern Sie Ihre Fähigkeit, sich als Mensch weiterzuentwickeln. Ihre Macht liegt in den Dingen, die Sie ändern können.

Verbringen Sie Zeit mit den Dingen, die Sie glücklich machen

Widmen Sie Ihre Zeit Hobbys und Interessen, die Sie in einer positiven Stimmung halten. Dies ist ein wirksames Mittel, um negative Selbstgespräche zu vermeiden. Wenn Sie sich gut amüsieren, haben Sie eine positive Energie, die Ihr Selbstvertrauen und Ihr Selbstwertgefühl stärkt.

Wenn Sie anfangen, Ihr Selbstwertgefühl aufzubauen, wird es Ihnen leichter fallen, mit anderen Menschen in Kontakt zu treten. Denn ein positives Selbstbild gibt Ihnen das Selbstvertrauen, Sie selbst zu sein und sich anderen Menschen gegenüber zu öffnen.

Außerdem wirken Menschen, die selbstbewusst sind, attraktiver auf andere. Wir alle wollen mit positiven und glücklichen Menschen zusammen sein. Wenn Sie ein positives Selbstbild pflegen, erhöht sich natürlich Ihre Anziehungskraft auf andere Menschen und Sie ermutigen andere, Sie kennenzulernen.

Bevor Sie versuchen, bessere Beziehungen zu anderen aufzubauen, sollten Sie zunächst Ihre Beziehung zu sich selbst verbessern und lernen, sich selbst zu lieben.

Überwindung von Eifersucht und Ängsten in Beziehungen

Abhängige Beziehungen sind durch Gefühle von Angst und Eifersucht gekennzeichnet. Es ist daher nur natürlich, dass man die Eifersuchtsfalle überwinden möchte, wenn man bessere Beziehungen aufbauen will.

Eifersucht kann in einer Beziehung zu überfürsorglichem Verhalten führen. Dieses Verhalten führt dazu, dass sich Ihr Partner in der Beziehung erdrückt und unterdrückt fühlt. Das Ergebnis ist, dass die Beziehung allmählich in die Brüche geht und schließlich aufgrund der negativen Auswirkungen der Eifersucht beendet werden kann.

Stellen Sie sich die Eifersucht wie ein Unkraut vor, das langsam aber sicher beginnt, der Pflanze Nährstoffe zu entziehen, und in kürzester Zeit verdorrt und stirbt die ausgehungerte Pflanze. Das ist die gleiche Wirkung, die Eifersucht auf Ihre Beziehung haben wird.

Stellen Sie sich vor, wie es sich anfühlt, in einer Beziehung mit jemandem zu sein, der ständig jeden Ihrer Schritte überwacht. Das schafft eine toxische Umgebung, die das Leben aus Ihrer emotionalen Verbindung erstickt. Niemand möchte in seiner Beziehung ständig unter einem Mikroskop stehen. Damit Sie eine gesunde Beziehung aufbauen können, muss Ihr Partner wissen, dass Sie ihm vertrauen.

Eifersucht entspringt unseren Unsicherheiten. Bei einigen handelt es sich um Verlassenheitsängste, die wir seit unserer Kindheit haben, bei anderen um Unsicherheiten, die aus einem geringen Selbstwertgefühl resultieren. Angst und Eifersucht in Beziehungen können auch durch das Bedürfnis verursacht werden, andere zu kontrollieren. Was auch immer die Ursache ist, Eifersucht und Angst sind Rezepte für eine katastrophale Beziehung.

In den meisten Fällen haben Eifersucht und Ängste mehr mit Ihrem geringen Selbstwertgefühl zu tun als mit den Handlungen Ihres Partners. Das bedeutet, dass Sie die Macht haben, diese Gefühle zu kontrollieren und zu verhindern, dass sie sich negativ auf Ihre Beziehung auswirken, indem Sie an Ihren inneren Auslösern arbeiten.

Hier finden Sie einige wirksame Strategien zur Überwindung von Eifersucht und Ängsten in Ihren Beziehungen:

Beurteilen Sie sich selbst

Eifersucht ist meist ein Problem des Selbstwertgefühls, das sich auf andere zu übertragen beginnt. Sie müssen daher zunächst eine Selbstanalyse durchführen, um herauszufinden, was Sie zu diesem Gefühl veranlasst. Die folgenden Fragen können Ihnen helfen, der Ursache Ihres Problems auf die Spur zu kommen.

- Habe ich Angst vor dem Verlassenwerden?
- Habe ich oft das Gefühl, dass mein Partner zu gut für mich ist?
- Vergleiche ich mich ständig mit anderen?
- Habe ich das Gefühl, dass ich ohne meinen Partner nicht leben kann?

- Hat mein Partner mir einen triftigen Grund gegeben, ihm nicht zu vertrauen?
- Verbringe ich zu viel Zeit damit, mich auf meinen Partner zu konzentrieren?
- Habe ich ein Leben außerhalb dieser Beziehung?

Anhand all dieser Fragen können Sie feststellen, ob Ihr Eifersuchtsproblem intern oder extern ist. Wenn die meisten Ihrer Probleme interner Natur sind, müssen Sie an Ihrem Selbstwertgefühl arbeiten, wenn Sie Ihre Eifersucht und Ängste überwinden wollen. Denken Sie immer daran, dass es nicht die Aufgabe Ihres Partners ist, dafür zu sorgen, dass Sie sich selbst gut fühlen. Das ist eine innere Angelegenheit.

Verwalten Sie Ihre Emotionen

Eifersucht zu empfinden ist eine Sache, sie auszuleben ist eine ganz andere Sache. Wenn Sie erkannt haben, dass Sie eifersüchtig sind, müssen Sie als Nächstes Ihre Gefühle in den Griff bekommen. Beherrschen Sie den Drang, um sich zu schlagen oder einen emotionalen Ausbruch zu haben. Das wird Ihren Partner nur noch mehr in die Defensive treiben und ihn von Ihnen wegstoßen.

Stellen Sie sich vor, Sie kommen nach Hause und Ihr Partner will immer wissen, wo Sie waren, mit wem Sie zusammen waren und was Sie gemacht haben. Diese Art von Nörgelei ist nicht nur für beide Parteien lästig, sondern zeigt auch, dass Ihr Partner Ihnen nicht vertraut. Wenn Ihr Partner Ihnen keinen triftigen Grund gibt, ihm nicht zu vertrauen, sollten Sie Ihre Eifersucht und Angst unter Kontrolle halten. Erkennen Sie Ihre Gefühle an, aber lassen Sie sie nicht die Kontrolle über Ihr Handeln übernehmen. Finden Sie ein gesundes Ventil für Ihre Ängste. Sie können Achtsamkeitspraktiken wie Meditation oder Yoga anwenden, um Ihre Emotionen zu zentrieren und zu vermeiden, dass Sie überwältigt werden.

Suchen Sie Ihr eigenes Gefühl der Sicherheit

Eifersucht ist, wie wir gesehen haben, oft mit einem schlechten Selbstwertgefühl verbunden. Wenn Ihr Glück und Ihr Selbstwertgefühl von einer anderen Person abhängen, werden Sie leicht unsicher. Unsicherheit führt dann zu Gefühlen der Eifersucht und Angst in Ihrer Beziehung. Deshalb ist es wichtig, dass Sie Ihr eigenes Sicherheitsgefühl entwickeln.

Bauen Sie sich ein eigenes Leben unabhängig von Ihrer Beziehung auf. Gehen Sie Ihren eigenen Interessen und Leidenschaften nach, damit Sie mit Ihrem eigenen Leben zufrieden und glücklich sind. Wenn du anfängst, ein Leben zu führen, das nicht von deinem Partner abhängig ist, wirst du weniger anfällig für Eifersucht und Unsicherheit sein.

Denken Sie daran, dass jede Beziehung die gleiche Chance hat, zu scheitern oder erfolgreich zu sein. Das bedeutet, dass Sie nicht Ihr ganzes Selbstwertgefühl an die Beziehung binden dürfen. Sie können Ihre Zeit vielen anderen Dingen widmen, damit Ihr Leben abgerundet ist.

Lassen Sie eine Beziehung nie Ihr ganzes Leben sein, sie sollte ein Teil eines gesunden Lebens sein.

Drück dich selbst aus

Lassen Sie Gefühle von Eifersucht oder Angst nie aufkommen. Sie werden Ihr Selbstwertgefühl nur weiter beeinträchtigen und zu ungelösten Wutproblemen führen. Vertrauen Sie sich einem Freund, einem Familienmitglied oder sogar Ihrem Partner an und lassen Sie ihn wissen, wie Sie sich fühlen. Mit anderen Menschen zu sprechen, hilft Ihnen, sich emotional zu entlasten. Außerdem können Sie die Dinge aus verschiedenen Perspektiven betrachten, was Ihnen helfen kann, Ihre Situation besser zu verstehen.

Ersetzen Sie negative Emotionen durch positive Emotionen

Lassen Sie nicht zu, dass negative Gedanken Ihr Leben beherrschen. Entscheiden Sie sich bewusst dafür, sich auf die positiven Aspekte in Ihrer Beziehung zu konzentrieren. Wenn Sie spüren, dass Sie in eine negative Stimmung geraten, lenken Sie sich ab. Beschäftigen Sie sich und suchen Sie nach Aktivitäten, die Ihren Geist ablenken.

Manchmal kann Langeweile dazu führen, dass Sie sich Probleme ausdenken, die gar nicht existieren. Wenn Sie beschäftigt sind, ist die Wahrscheinlichkeit geringer, dass Sie an Ihrer Beziehung herummeckern. Bleiben Sie positiv und vermeiden Sie es, Ihr Leben von Eifersucht beherrschen zu lassen.

Ein einfacher Trick ist die Anwendung der Gummibandtechnik. Legen Sie einfach ein Gummiband um Ihr Handgelenk. Jedes Mal, wenn Sie spüren, dass Angst und Eifersucht in Ihre Gefühle eindringen, lassen Sie das Gummiband reißen. Dieser einfache Trick wird Ihnen helfen, Ihre Gedanken bewusst von negativen auf positive Gedanken zu lenken.

KAPITEL 11. WIE MAN VERSTEHT/ERKENNT, OB MAN CO-ABHÄNGIG IST

Es ist allgemein bekannt, dass das, was wir als Co-Abhängigkeit bezeichnen, nicht unter eine bestimmte psychische Störung fällt. Daher finden wir dieses Problem auch nicht im DSMV (Diagnostisches und Statistisches Handbuch Psychischer Störungen, 5. Auflage). Der Hauptgrund dafür ist, dass viele der Symptome auch auf viele andere Störungen zutreffen. Im Folgenden werde ich die wichtigsten Symptome aufzählen, aber es ist wichtig zu verstehen, dass es nicht notwendig ist, sie alle zu haben. Vielleicht haben Sie nur eines von ihnen, aber es ist sehr stark ausgeprägt. Daher wird Ihre Lebensqualität dadurch beeinträchtigt.

Geringes Selbstwertgefühl

Die Co-Abhängigkeit kann unser Selbstbild stark beeinträchtigen. Wir können uns selbst als schwach, wertlos, dumm und unattraktiv wahrnehmen, nur weil wir den Menschen um uns herum nicht helfen. Das führt zu Emotionen und Gefühlen der Scham und Wertlosigkeit. Wenn wir unsere eigenen Stärken nicht zu schätzen wissen, versuchen wir vielleicht, andere dazu zu drängen, dies für uns zu tun.

Das Bedürfnis, andere zu retten

Verstehen Sie mich nicht falsch, es ist nichts Falsches daran, freundlich und einfühlsam zu den Menschen um uns herum zu sein, aber diese Eigenschaft kann dazu führen, dass wir glauben, es sei unsere Pflicht, unsere Lieben vor allem Bösen in der Welt zu schützen. Wenn also jemand, der uns nahe steht, etwas falsch macht, neigen wir dazu, die Situation zu "reparieren". Und das kann für sie und uns destruktiv werden, weil es sie daran hindert, unabhängig zu werden, Verantwortung zu übernehmen und aus ihren eigenen Fehlern zu lernen. Wenn sie an einer Sucht leiden, erhöht sich außerdem die Wahrscheinlichkeit, dass diese aufrechterhalten und fortgesetzt wird, weil wir die Verantwortung dafür übernehmen wollen, dass sie beginnen, ihre Meinung und ihr ganzes Leben zu ändern.

Kontinuierliche Verleugnung (Selbstverleugnung)

Eine abhängige Person wird fast immer andere an die erste Stelle setzen und deren Glück und Wohlbefinden über ihr eigenes stellen. Einfach ausgedrückt: Diese Person wird leugnen, dass sie Ruhe, emotionale Unterstützung, Fürsorge, Einfühlungsvermögen und Liebe braucht. Wenn sie jedoch zu dem Schluss kommen, dass sie all dies brauchen, neigen sie zunächst zu Schuldgefühlen, Scham oder Angst. Da diese Person daran gewöhnt ist, immer zu leugnen, neigt sie dazu, ängstlich zu sein, wenn jemand Hilfe anbietet.

Das Bedürfnis, Menschen zu verwöhnen

Wenn Sie sich in einer Situation befinden, in der Sie fast ständig dazu neigen, Ihre Pläne, Gedanken, Ihr Verhalten und Ihre Gefühle zu ändern, "damit alle davon profitieren", dann sind Sie das vielleicht. Sie sehnen sich nach Bestätigung. Sie wollen geschätzt, gewollt oder geliebt werden. Wenn jemand signalisiert, dass er unglücklich ist, werden Sie vielleicht ängstlich. Wenn Ihnen jemand z. B. anbietet, mit ihm auszugehen, Sie sich aber schlecht fühlen und lieber zu Hause bleiben wollen, werden Sie nicht sagen, wie Sie sich fühlen oder was Sie denken, sondern Sie werden einfach gehen, obwohl Sie gerade in der Stimmung sind. In romantischen Beziehungen versuchen Sie immer, perfekt zu sein und alles perfekt zu machen. Du akzeptierst nicht gerne alles, was passiert, aber du fühlst dich schlecht, wenn du Angebote ablehnst oder nicht sagst, wie du dich fühlst. Das häufig gebrauchte Wort einer Person, die es anderen immer recht machen will, ist JA.

Dysfunktionale Abgrenzungen

Wenn Ihr Selbstwertgefühl beeinträchtigt ist, spiegelt sich das in Ihrem Verhalten und in den Grenzen, die Sie setzen, wider, ganz gleich, ob es sich um materielle, körperliche, emotionale oder geistige Grenzen handelt. In der Regel haben Menschen, die unter verschiedenen Formen von Missbrauch in der Kindheit gelitten haben, Schwierigkeiten, Grenzen richtig zu setzen. Entweder werden sie falsch gesetzt, oder sie existieren nicht. Grenzen können in vielen Lebensbereichen beeinträchtigt werden, z. B. wenn es darauf ankommt, zu sagen: "Nein, danke, das stört mich."

Geringe emotionale Ausdrucksfähigkeit

Da Sie daran gewöhnt sind, dass das, was Sie denken, fühlen oder sich vorstellen, nicht so wichtig ist, kann es ziemlich schwierig sein, zu erkennen, wie Sie sich in verschiedenen Kontexten wirklich fühlen. Denn Sie haben Ihrem Verstand beigebracht zu glauben: "Es ist sowieso egal, was ich fühle", "Es ist sowieso nicht so wichtig", "Es interessiert sowieso niemanden." Es kann auch Schwierigkeiten geben, ehrlich und ohne Umwege zu kommunizieren, denn die Kommunikation ist statisch, gewöhnlich, sehr oberflächlich und von der Oberfläche.

Zu viel Sucht und Angst vor Ablehnung

Wenn Sie sich über Jahre hinweg daran gewöhnt haben, in Ihre Mitmenschen zu investieren, ist eine normale Folge davon, dass Sie sich selbst völlig vernachlässigen. Sie verlassen sich ganz auf diejenigen, in die Sie investiert haben, kennen aber Ihre Hobbys, Gefühle, Ziele oder Bedürfnisse nicht. Es ist viel wichtiger, was die Menschen, die Sie an erste Stelle setzen, für Sie entscheiden, als was Sie für sich selbst entscheiden. Wichtiger sind ihre Entscheidungen über

Sie, nicht Ihre. Fällt es Ihnen schwer, persönliche Projekte zu initiieren? Ihre Ideen zu verwirklichen oder eigene Ideen zu haben?

Wenn man so sehr mit der Person, die man liebt, verbunden ist, besteht die Möglichkeit, dass man Angst hat, allein gelassen oder zurückgewiesen zu werden. Das liegt daran, dass sie befähigt sind, die Bedürfnisse zu befriedigen, die wir haben. Daher haben Sie vielleicht Szenarien über Ablehnung und Verlassenheit oder interpretieren neutrale Indikatoren als klare Signale der Ablehnung.

Andere wichtige Symptome, die auftreten können:

- Sie fühlen sich für andere Menschen verantwortlich, wenn es um Gefühle, Entscheidungen, Gedanken oder deren Wohlbefinden geht.

- Sie nehmen fast immer die Bedürfnisse anderer Menschen vorweg.

- Du versuchst immer, es anderen recht zu machen, anstatt darauf zu achten, was du brauchst.

- Sie fühlen sich zu Menschen hingezogen, die andere Bedürfnisse haben.

- Sie langweilen sich und fühlen sich leer und wertlos, wenn die Menschen in Ihrer Umgebung nicht gerade eine große Krise in ihrem Leben haben oder ein Problem lösen müssen.

- Sie fühlen sich oft wütend, viktimisiert, nicht gewürdigt und benutzt.

Menschen, die an Co-Abhängigkeit leiden, neigen auch dazu, aus dysfunktionalen oder problematischen Familien zu stammen (obwohl das nicht unbedingt ein Muss ist) und zu leugnen, dass die Familie, aus der sie stammen, bestimmte Probleme oder Mängel hatte. Sie geben sich selbst die Schuld an absolut allem. Sie lehnen Komplimente oder Lob ab. Sie sind überzeugt, dass sie nicht gut genug sind. Sie schämen sich für das, was sie sind. Sie geben sich damit zufrieden, gebraucht zu werden. Sie verdrängen ihre Gedanken und Gefühle aus Angst und Schuldgefühlen so weit wie möglich. Sie haben auch erhebliche Kommunikationsschwierigkeiten.

Ich möchte gleich zu Beginn klarstellen, dass ich nur ein paar Leitlinien für Sie aufgestellt habe. Vielleicht haben Sie mit anderen Symptomen zu kämpfen, die ich in diesem Buch nicht beschrieben habe. Jede Psyche ist anders, daher können die Symptome und Erfahrungen äußerst nuanciert sein. Ich habe mich entschieden, mich mehr auf die Behandlungsseite zu konzentrieren, weil es viele Ressourcen und Bücher gibt, die die Probleme, die auftreten können, viel tiefer, vielleicht zu tief, beschreiben. Stattdessen möchte ich Ihnen ein genaues Werkzeug an die Hand geben, mit dem Sie die Symptome erkennen und die Dinge zusammenfügen können.

KAPITEL 12. CO-ABHÄNGIGES VERHALTEN UND VERSCHIEDENE ARTEN

Genauso wie es verschiedene Arten von Menschen gibt, gibt es auch verschiedene Arten von Co-Abhängigen, die sich gleichzeitig auf unterschiedliche Weise verhalten. Das bedeutet, dass man bestimmte Tendenzen der Co-Abhängigkeit bei einem Typ vielleicht nicht sieht, bei einem anderen aber schon.

Ein passiver Co-Abhängiger neigt dazu, Konflikten aus dem Weg zu gehen und ängstlich zu sein. Sie werden oft versuchen, ihren Partner mit sorgfältig ausgeführten Strategien zu beeinflussen oder zu kontrollieren, von denen die meisten unbemerkt bleiben sollen. Dies ist auf ihre Angst vor dem Alleinsein, ihr geringes Selbstwertgefühl und ihre Neigung zurückzuführen, sich in Beziehungen mit gefährlichen, missbräuchlichen oder kontrollierenden Manipulatoren wiederzufinden. Da sie in ihrer kontrollierenden Natur geheimnisvoll und versteckt sind, werden sie oft als die manipulativeren Co-Abhängigen angesehen.

Aktive Co-Abhängige sind jedoch offener und dreister in ihren Versuchen, ihren Partner zu manipulieren, damit er ihre Bedürfnisse erfüllt. Sie haben weniger Angst vor Konflikten und Schaden und sind eher bereit, Konfrontationen und Auseinandersetzungen mit ihrem Partner zu beginnen. Diese Arten von Co-Abhängigen werden manchmal als Narzissten angesehen, da sie offener agieren. Sie befinden sich zwar in einem nicht enden wollenden Kreislauf, in dem sie versuchen, eine andere Person zu kontrollieren, die nicht in der Lage oder nicht daran interessiert ist, ihre Bedürfnisse zu erfüllen, aber sie haben trotzdem nicht den Drang, die Beziehung zu beenden. Wie der passive Co-Abhängige glauben sie fest daran, dass sie die andere Person "in Ordnung bringen" können. Das geschieht jedoch nie.

Auch wenn diese Arten von Co-Abhängigen nach außen hin unterschiedlich wirken, leiden beide an einer "anderen" Selbstorientierung. Beide neigen dazu, an pathologisch narzisstischen oder süchtigen Partnern festzuhalten, während sie gleichzeitig unglücklich, nachtragend und wütend über den Mangel an Gegenseitigkeit innerhalb der Beziehung sind. Der aktive Co-Abhängige mag stärker und kontrollierter wirken, aber beide teilen ein tief verwurzeltes Gefühl der Unsicherheit. Keiner der beiden Typen kann sich aus seiner Beziehung lösen.

Es gibt zwar die beiden Hauptunterkategorien der Co-Abhängigkeit, nämlich aktiv und passiv, aber diese beiden können noch in fünf weitere Unterkategorien unterteilt werden.

Der Märtyrer

Leiden ist in den Augen dieser Co-Abhängigen eine Tugend, vor allem wenn es darum geht, die Bedürfnisse anderer vor die eigenen zu stellen. Zumindest ist es das, was die Menschen von ihrem kulturellen Erbe, ihrer religiösen Institution oder ihrer Familie lernen können. Bei der Arbeit übernimmt der Co-Abhängige immer ein zusätzliches Projekt, geht als Letzter und verzichtet auf einen Drink, wenn ein Freund ihn darum bittet. Wenn sie ausgehen, übernehmen sie unaufgefordert die Rechnung, auch wenn sie das Geld nicht haben.

Wenn Opferbereitschaft das Wesen eines Menschen ausmacht, führt sie dazu, dass er sein Bedürfnis nach Zuwendung und Liebe vernachlässigt. Ironischerweise ist das der Grund, warum diese Co-Abhängigen ständig um die Wertschätzung anderer buhlen. Das geht oft nach hinten los. Sie fangen nicht nur an, denjenigen, denen sie geholfen haben, etwas übel zu nehmen, sondern auch die Nutznießer nehmen entweder alles, was sie tun, als selbstverständlich hin oder fangen an, den Co-Abhängigen ebenfalls zu verärgern. Ein Märtyrer ist oft eine Form der aktiven Co-Abhängigkeit.

Der Erlöser

Die Welt ist beängstigend. Zum Glück gibt es den Retter, der alle beschützt. Wenn ihr Kind Probleme in der Schule oder einen Konflikt hat, sind sie gleich am nächsten Tag im Büro des Schuldirektors, um eine Lösung zu finden. Wenn ihr Freund die Miete nicht bezahlen kann, geben sie ihm etwas Geld, damit er nicht rausfliegt.

Jeder wird irgendwann einmal Hilfe brauchen. Wenn sich eine Person jedoch persönlich für das Wohlergehen und den Komfort anderer verantwortlich fühlt, nimmt sie der anderen Person die Möglichkeit, selbst für ihr Wohlergehen und ihren Komfort zu sorgen. Der Co-Abhängige ermöglicht selbstbeschränkende Handlungen und sendet der anderen Person im Grunde die Botschaft, dass sie hilflos ist. Im Laufe der Zeit könnte die andere Person zu dieser Überzeugung gelangen. Dies ist eine Form der passiven Co-Abhängigkeit.

Der Berater

Wäre diese abhängige Person eine der Figuren aus dem Peanuts-Comic, dann wäre es Lucy. Sie sitzen an ihrem behelfsmäßigen Schreibtisch und geben den Leuten für ein paar Cent Ratschläge zu allen möglichen Themen. Diese Art von Person hat vielleicht eine große Fähigkeit, die Probleme anderer Menschen zu durchschauen und klare Optionen anzubieten. Sie könnten auch glauben, dass sie einen guten Einblick in die Probleme anderer Menschen haben. Zuhören gehört vielleicht nicht unbedingt zu ihren Stärken.

Dies ist definitiv eine der Situationen, in denen es zwei braucht. Diese Art von Co-Abhängigen sieht in Menschen, die ständig um Rat fragen, oft eine Person, die kein sehr hohes Selbstwertgefühl hat. Diejenigen, die das Gefühl haben, andere kontrollieren und beraten zu müssen, sind jedoch genauso unsicher. Dies ist das so genannte "geborgte Funktionieren". Der Co-Abhängige, der die Verantwortung übernimmt oder anderen sagt, was sie tun sollen, ist genauso bedürftig. Sie brauchen eine andere Person, die ihnen die Verantwortung überlässt, um ihr Selbstwertgefühl zu stärken. Beide sind abhängig. Dies ist eine Form der aktiven Co-Abhängigkeit.

Der Publikumsliebling

Dieser Co-Abhängige liebt es, sich ehrenamtlich in der Schule seiner Kinder zu engagieren und seinen Nachbarn bei der Reparatur ihres Hauses zu helfen. Sie fahren gerne Kaffee für ihre Mitarbeiter aus. Besonders schön ist es für sie, wenn sie die Liebe spüren und sich im Lob für ihre Großzügigkeit sonnen können. Doch all diese Nettigkeit hat auch eine dunkle Seite. Diese Schattenseite ist erreicht, wenn der Co-Abhängige das Gefühl hat, dass seine Geschenke nicht mehr gewürdigt werden, oder wenn ihm der Gedanke, eine weitere Party zu veranstalten, wie eine lästige Pflicht erscheint. Die dunkle Seite ist definitiv erreicht, wenn sie beginnen, ihre Fähigkeiten, Menschen zu gefallen, einzusetzen, um zu versuchen, ihre Umgebung zu kontrollieren. Sie glauben, dass andere sie für ihre Gefälligkeiten mögen werden, anstatt sie so zu mögen, wie sie sind. Diese Form der Co-Abhängigkeit ist passiv.

Der "Ja-Sager"

Diese abhängige Person wird zu etwas Ja sagen, auch wenn sie Nein meint und es ihr übel nimmt. Sie setzen ein falsches Lächeln auf, um ihren Freunden zuzustimmen, anstatt ihnen zu sagen, was sie fühlen. Sie bleiben passiv gegenüber ihrem Partner und sagen ihm nie, wenn sie verärgert sind.

Oft hören Therapeuten von Paaren in der Therapie Dinge wie "Wir streiten nie". Sie sehen uns an, als sollten wir das gutheißen, aber das sagt uns, dass es in dieser Beziehung keine Ehrlichkeit gibt. Die völlige Abwesenheit von Konflikten ist keine gute Sache in einer Beziehung. Man kann dies auch vom geschäftlichen Standpunkt aus betrachten. Wenn die Mehrheit der Arbeitnehmer in einem Unternehmen mit ihrer Arbeit "zufrieden" ist und es keine Beschwerden gibt, dann liegt das daran, dass die Menschen Angst haben, ihren Arbeitsplatz zu verlieren. Wenn man seine wahren Gefühle verdrängt, anstatt einen netten Weg zu finden, sie mitzuteilen, wird das zu Problemen führen. Dies ist eine Form der passiven Co-Abhängigkeit.

Als reformierte Co-Abhängige kann ich als Therapeutin die Dinge aus einer anderen Perspektive sehen als die meisten. Ich verstehe, woher sie kommen, aber ich weiß auch, dass das nicht gesund ist.

Co-Abhängigkeit in der Kindheit

Es ist wahrscheinlich schwer vorstellbar, dass ein Kind als co-abhängig angesehen wird. Kinder entwickeln von Geburt an psychosoziale Probleme. Sie reagieren vom ersten Tag an auf Dinge und Menschen um sie herum. Vermutlich entwickeln Kinder ihre Persönlichkeitsmerkmale erst im Teenageralter, so dass man eher sagen könnte, dass die frühe Programmierung später zu Co-Abhängigkeitsmerkmalen führen kann.

Betrachten wir zum Beispiel das Hilfskind Julie. Julie ist sechs Jahre alt und hat sich zu "Mamas kleiner Helferin" entwickelt. Sie möchte ihr beim Kochen, Putzen und bei der Betreuung ihres jüngeren Geschwisters, das erst 18 Monate alt ist, helfen. Ihre Mutter und ihr Vater danken ihr für all die Hilfe. Das Kind sonnt sich in diesem Lob, vor allem, wenn die

Mutter ihren Freunden erzählt, wie sehr sie Julie schätzt. "Ohne ihre Hilfe könnte ich das alles nicht schaffen", sagt die Mutter. Manchmal darf Julie den Mitgliedern des Kartenclubs ihrer Mutter Erfrischungen servieren. Dann sitzt Julie ruhig da, während sie Karten spielen.

Julies Vater ist sehr beschäftigt. Wenn er nach Hause kommt, zieht Julie ihm die Schuhe aus und hilft ihm, die Füße hochzulegen, um sich zu entspannen. Sie gibt ihm die Zeitung und ein Bier. Er lächelt und küsst sie auf die Wange. "So ist es brav", sagt Papa, während er sich zurücklehnt und seine Zeitung aufschlägt.

Es gibt viele Anzeichen für die Entwicklung eines fürsorglichen Verhaltens. Mädchen in diesem Alter sollten mit Freunden spielen. Ein Kind ist normalerweise egozentrisch, und das ist völlig in Ordnung. Auf diese Weise entwickeln sie ihr Selbstbewusstsein. Natürlich ist es gut, wenn Kinder auch Zeit mit ihren Eltern verbringen, aber in der Regel geht es dabei um Spiele, Lesen, Gespräche über das, was in der Schule passiert ist, und so weiter. Hier gibt es eine unausgewogene Dynamik. Julie kümmert sich um ihre Eltern, während diese sich eigentlich um sie kümmern sollten.

Julie wird darüber hinauswachsen, aber wenn sie beginnt, sich von ihren Eltern zu lösen und mehr mit gleichaltrigen Freunden zu spielen, wird ihre Mutter anfangen zu schmollen und Dinge sagen wie: "Wer wird mir helfen, mich um das Baby zu kümmern?" In diesem Moment beginnt für Julie die zweite Phase der Programmierung. Sie beginnt, sich für normale Kindheitshandlungen schuldig zu fühlen.

Als sie in die Pubertät kommt, macht sich Julie mehr Sorgen darüber, wie andere sie sehen. Sie wird zum "Liebling des Lehrers" und zum Publikumsliebling und stellt die Bedürfnisse ihrer Mutter weiterhin an erste Stelle. Am Ende wird Julie eine Fürsorgerin sein, die sich für andere verantwortlich fühlt und sich nie um sich selbst kümmert.

KAPITEL 13. WIE MAN SELBSTWERTGEFÜHL UND SELBSTLIEBE AUFBAUT, UM DIE CO-ABHÄNGIGKEIT ZU ÜBERWINDEN

Das Selbstwertgefühl definiert die Wahrnehmung der eigenen Person; es bezieht sich darauf, wie man sich selbst wahrnimmt, ohne die Beiträge oder Gefühle anderer zu berücksichtigen. Das Selbstwertgefühl einer Person ist eine direkte Darstellung dessen, was sie über sich selbst denkt, wie stark ihr Selbstwertgefühl ist, wie groß ihr Selbstvertrauen ist und wie sie im Allgemeinen erwartet, von anderen wahrgenommen zu werden. Ihr Selbstwertgefühl ist von entscheidender Bedeutung für die Art von Beziehungen, die Sie eingehen, wie Sie mit anderen Menschen umgehen und für andere wichtige Aspekte Ihres Lebens. Ein starkes Selbstbewusstsein ist Ausdruck von Selbstvertrauen und Ehrgeiz.

Das Kernproblem von Menschen mit einem kodierenden Persönlichkeitstypus ist die Unfähigkeit, sich mit ihrem Selbst zu identifizieren; wir können sagen, dass kodierende Menschen eine verlorene Identität haben. Aus diesem Grund ist es für eine kodependente Person ziemlich einfach, von all den Gefühlen, Emotionen und Situationen, die sie erlebt, überwältigt zu werden, bis zu dem Punkt, an dem sie für ihre eigenen Erfahrungen völlig taub wird, während sie die Aufmerksamkeit auf die der Menschen um sie herum richtet. Das Fehlen einer Verbindung zu Ihrem eigenen Selbst macht es Ihnen unmöglich, gesunde und funktionierende Beziehungen zu führen. Ohne eine Identität werden Sie wahrscheinlich auch mit der Selbstakzeptanz kämpfen.

Das Fehlen eines gesunden Selbstbewusstseins ist auch der Grund, warum es Menschen mit Co-Abhängigkeit schwer fällt, anderen zu vertrauen. Co-Abhängigen fällt es schwer, andere Menschen an sich heranzulassen oder mit ihnen intim zu werden, weil sie Angst haben, zurückgewiesen und enttäuscht zu werden. Als Mensch mit kodependenten Zügen ist der Grund für Ihr sehr geringes und zerbrechliches Selbstwertgefühl auch darin zu suchen, dass Sie keine Verbindung zu Ihrem eigenen Selbst haben. Selbstwertgefühl ist eine fast unmögliche Sache, wenn Sie nicht einmal eine Verbindung zu Ihrem wahren Selbst haben.

Damit Sie eine gesunde Beziehung zu sich selbst und zu anderen aufbauen können, müssen Sie zunächst ein gesundes und starkes Selbstwertgefühl in sich selbst entwickeln. Um dies zu ermöglichen, ist es unerlässlich, sich mit seinem inneren Wesen zu verbinden und seine Selbstwahrnehmung zu rekonstruieren. Aber wie kann ein Co-Abhängiger seine Selbstwahrnehmung stärken?

Finden und kennen Sie Ihre Werte

Der erste Schritt zu einem stärkeren Selbstbewusstsein als Individuum besteht darin, die eigenen Werte zu finden und sich zu vergewissern, dass man auch wirklich für diese Werte steht. Werte sind im Leben bestimmte, tief verwurzelte Überzeugungen, die alle Entscheidungen, die Sie im Leben treffen, leiten; sie sind sehr entscheidend dafür, wie Sie Ihr

Leben leben. Das Problem mit Ihnen als Co-Abhängiger ist, dass Sie glauben, Ihre eigenen Werte zu haben, aber unbewusst wählen Sie nur bestimmte Werte aus, von denen Sie glauben, dass Sie sie haben sollten, basierend auf dem, was Ihre Freunde und Familie als ihre eigenen Werte ansehen. Die Unfähigkeit, Ihre eigenen Werte zu erkennen und zu leben, führt dazu, dass Sie unbewusst gegen sich selbst arbeiten, während Sie es allen anderen recht machen. Nur wenn Sie Ihre wahren Werte herausfinden, können Sie eine Verbindung zu Ihrem wahren Selbst herstellen. Die Werte eines Menschen werden entweder durch die Ereignisse definiert, die er sehr früh im Leben erlebt hat, oder sie sind in seiner DNA verankert. Für die meisten Menschen besteht jedoch die einzige Möglichkeit, herauszufinden, was ihre Werte im Leben wirklich sind, darin, ihre Handlungen und nicht ihre Gedanken genau zu beobachten. Wenn Sie zum Beispiel denken, dass einer Ihrer Werte darin besteht, zu arbeiten, um mehr Geld zu verdienen, Sie aber oft Dinge tun, die Ihnen Freude bereiten, auch wenn sie nicht so viel einbringen, bedeutet das, dass Ihr Wert eher darin besteht, etwas zu tun, was Ihnen Erfüllung gibt, als in materiellen Dingen.

Das Wissen um Ihren Wert hilft Ihnen nicht nur, Ihr Selbstwertgefühl zu finden, sondern gibt Ihnen auch die Möglichkeit, Ihre Energie, Ihren Fokus und Ihr Selbstvertrauen auf die wichtigen Dinge zu konzentrieren. Wenn Sie gegen Ihre wahren Werte handeln, geben Sie oft vor, jemand zu sein, der Sie nicht sind, und das kann ziemlich anstrengend sein. Es kostet viel Energie, und Sie fühlen sich erschöpft, ängstlich und gestresst. Wenn Sie aber tatsächlich im Einklang mit sich selbst und Ihren Werten leben, macht das das Leben (und die Beziehungen) so viel einfacher.

Machen Sie Selbstvertrauen zu einem wichtigen Teil von Ihnen

Abgesehen davon, dass Sie sich mit Ihren Werten versöhnen müssen, ist die nächste wichtige Maßnahme, die Sie ergreifen müssen, wenn Sie wirklich Ihr Selbstwertgefühl zurückgewinnen wollen, dass Sie fest an sich glauben. Der Glaube an sich selbst ist einer der wichtigsten Faktoren für die Entwicklung eines gesunden Selbstbewusstseins und eines starken Selbstwertgefühls. Eine der wichtigsten Handlungen im Leben ist es, zu wissen, wer man ist, aber noch wichtiger ist es, an sich selbst zu glauben. Wenn man an sich selbst glaubt, entwickelt man eine Art von Vertrauen, das einen erkennen lässt, dass man alles tun kann, solange man es wirklich will. Ein Fehler, den die meisten Co-Abhängigen machen, ist jedoch die Annahme, dass Selbstvertrauen durch die Ermutigung und Anerkennung anderer entsteht. Die Unterstützung durch andere ist zwar wichtig im Leben, aber noch wichtiger ist es, an sich selbst und seine Fähigkeiten zu glauben. Der Glaube an sich selbst ist der stärkste Weg, um all die überwältigenden Emotionen und Erfahrungen, denen man im Leben begegnet, zu überwinden, damit man nicht in ihnen untergeht, auch nicht in seinen Beziehungen. Um Ihr Selbstvertrauen zu stärken, sollten Sie zunächst sicherstellen, dass Sie Ihre wahren Werte gefunden und identifiziert haben. Nur so können Sie zur nächsten Stufe der Entwicklung eines stärkeren Selbstbewusstseins übergehen.

Üben Sie, wie man "Nein" sagt

Die Fähigkeit, "Nein" zu sagen, wenn es nötig ist, ist entscheidend dafür, wie stark das Selbstbewusstsein eines Menschen ist. Jedes Mal, wenn Sie "Ja" zu etwas sagen, das Sie nicht wirklich wollen, machen Sie einen Dämpfer und verlieren einen Hauch von Verbindung mit Ihrem wahren Selbst. Beziehungen sind voller Ablenkungen, Anforderungen, Verpflichtungen und Forderungen, von denen einige vielleicht nicht immer mit Ihren Bedürfnissen und Werten übereinstimmen. Es ist einfach wichtig, bestimmte Forderungen abzulehnen, die nicht zu Ihnen passen oder mit Ihren Überzeugungen übereinstimmen. Zu wissen, wann man zu bestimmten Menschen, Bitten oder Situationen "Nein" sagen muss, kann die Verbindung zu Ihrem inneren Selbst schwächen. Wenn Sie ständig die Bedürfnisse anderer Menschen vor Ihre eigenen stellen, um ihnen zu gefallen oder sie zu befriedigen, erschöpfen Sie Ihre Energie, und das kann sehr destruktiv sein. Sie verlieren sich selbst und den Glauben an sich selbst aus den Augen, wenn Sie Ihrer Besessenheit nachgehen, alles für alle zu tun. Zu lernen, "Nein" zu sagen, ist der erste Schritt, um in Ihren Beziehungen zu anderen gesunde Grenzen zu setzen. Es stärkt Ihr Selbstwertgefühl und Ihr Selbstwertgefühl. Wenn Sie jedes Mal "Ja" zu Dingen sagen, die Sie eigentlich nicht wollen, laufen Sie Gefahr, sich von Situationen zu entfernen, die Ihnen eigentlich Freude bereiten und Sie glücklich machen. Es läuft ganz darauf hinaus, dass Sie Ihr Selbstwertgefühl verlieren.

Der beste Weg, um zu lernen, "Nein" zu sagen, ist, es einfach zu halten, wenn jemand Forderungen und Bitten an Sie stellt. Geben Sie niemals einen Grund für die Ablehnung einer Forderung an; das lässt der Person nur Raum, mit Ihnen zu verhandeln und Sie dazu zu bringen, Ihre Meinung zu ändern, damit Sie als der Unentschlossene dastehen. Wenn Sie "Nein" sagen, sollten Sie dies mit Nachdruck tun und keinen Spielraum für Verhandlungen lassen; zeigen Sie niemals Anzeichen des Zögerns. Achten Sie außerdem darauf, dass Sie es mit einem fröhlichen Auftreten und einem großen, positiven Gesicht sagen, denn das macht es der Person leichter zu akzeptieren. Sagen Sie zum Beispiel: "Danke, aber ich möchte lieber nicht". Das ist höflich, entschlossen und stark genug, um Ihre Position zu akzeptieren.

Erkennen Sie Ihr Bedürfnis zu gefallen und arbeiten Sie daran

Schlägt Ihr Herz in der Brust schneller, wenn Sie zu anderen Menschen "nein" sagen müssen? Wenn ja, bedeutet das, dass Sie es anderen gerne recht machen und dass Sie daran arbeiten müssen. Es kann sehr schwer sein, ein starkes Selbstbewusstsein zu entwickeln, wenn Sie sich selbst auf der Grundlage der Gefühle, Meinungen und Gedanken anderer wahrnehmen oder Ihre Handlungen und Reaktionen auf die Antworten und Handlungen anderer Ihnen gegenüber stützen. Um das in den Griff zu bekommen, müssen Sie zunächst erkennen, dass es unmöglich ist, es allen recht zu machen; das ist etwas, das einfach nicht zu erreichen ist. Ein Mensch mit einem starken Selbstbewusstsein ist jemand, der diese einfache Tatsache anerkennt, der weiß, dass er nur eine Person auswählen kann, die er glücklich machen kann, und der erkennt, dass die einzige Person, die er immer anderen vorziehen sollte, er selbst ist.

Als Co-Abhängiger und als jemand, der es den Leuten recht machen will, kann es ziemlich schwierig sein, den Kreislauf zu durchbrechen, in dem man anderen einen Gefallen tut, weil man das Gefühl hat, dass man ihnen gefallen will. Jedes Mal, wenn Sie etwas tun oder eine Entscheidung treffen wollen, setzen Sie sich hin und überlegen Sie in sich hinein, ob Sie es für sich selbst oder für Ihren Partner tun. Wenn Sie sich unwohl oder egoistisch fühlen, wenn Sie sich selbst und nicht anderen eine Freude machen, denken Sie daran, dass nicht jeder etwas tut, um auch Ihnen zu gefallen. Beachten Sie auch, dass Sie sich glücklicher und lebendiger fühlen, wenn Sie Dinge für sich selbst und nicht für andere tun.

Selbstakzeptanz üben

Co-Abhängige befinden sich in einem ständigen Zustand der Selbstbeurteilung, weshalb sie ständig die Anerkennung anderer suchen, um sich besser zu fühlen. Selbstbeurteilung ist wie der Versuch, sich selbst durch eine vernebelte Wahrnehmung zu sehen; man lässt sich nie lange genug Zeit, um sich selbst wirklich zu sehen. Als Co-Abhängiger haben Sie wahrscheinlich die Tendenz, sich nur auf die negativen Aspekte Ihres Lebens zu konzentrieren. Der beste Weg, sich in Selbstakzeptanz zu üben, besteht darin, Merkmale zu finden, die Sie an sich selbst mögen, egal wie wenig. Was sind die Aktivitäten, von denen Sie das Gefühl haben, dass sie in Ihrem Leben wirklich gut laufen? Richten Sie Ihre Aufmerksamkeit auf diese Ereignisse und konzentrieren Sie sich darauf, nur aus ihnen Ihre Freude zu schöpfen. Hören Sie mit den Aktivitäten auf, bei denen Sie das Gefühl haben, nicht gut genug zu sein, und verwenden Sie Ihre Energie auf Tätigkeiten, bei denen Sie sich als natürlicher Profi fühlen. Das wird Ihnen helfen, mit sich selbst zufrieden zu sein und sich selbst zu verwirklichen, so dass Sie nicht auf die Anerkennung oder Akzeptanz anderer angewiesen sind.

Achtsamkeit üben

Achtsamkeit ist der Schlüssel zur Selbstakzeptanz. Ein wesentlicher Bestandteil der Selbstakzeptanz ist die Kontrolle Ihrer negativen Gedankengänge, die Sie davon überzeugen wollen, dass Sie nicht gut genug für Ihren Partner, Ihre Familie oder die Gesellschaft sind. Die Praxis der Achtsamkeit macht es Ihnen leicht, sich Ihrer selbst bewusst zu werden, so dass Sie Ihre Gedanken und letztlich auch Ihre Handlungen steuern können. Manchmal ist die einzige Fähigkeit, die Sie brauchen, um ein stärkeres Selbstgefühl wiederzuentdecken oder zu erlangen, die Fähigkeit, sich wirklich auf sich selbst einzustellen und sich Ihrer inneren Gedanken bewusst zu werden. Lernen Sie, wirklich in sich hineinzuhören und Ihre wahren Gefühle gegenüber einer Person oder Situation zu erkennen. Auf diese Weise fällt es Ihnen leichter, Nein zu sagen, wenn Sie es müssen. Es hilft zu vermeiden, etwas zu sagen, bevor Sie wissen, was Sie wirklich über eine Sache denken. Das Sprechen vor dem Denken bringt die meisten Co-Abhängigen in eine Situation, in der sie Frustration und Groll empfinden, nachdem sie sich hilflos in die Situation gebracht haben.

Achtsamkeit ist ein immer beliebteres Mittel, insbesondere für Menschen, die sich von bestimmten Dingen heilen wollen. Dabei geht es darum, sich der Gegenwart bewusst zu werden und zu erkennen, wie man sich wirklich in ihr fühlt.

KAPITEL 14. TIPPS UND RATSCHLÄGE ZUR ÜBERWINDUNG DER CO-ABHÄNGIGKEIT

Wenn Sie diese kleinen Aktivitäten mehr und mehr durchführen, werden sie schließlich zu Gewohnheiten werden. Sobald sie zur Gewohnheit geworden sind, können sie dazu beitragen, Ihr emotionales Fundament zu errichten. Sie müssen nicht jede einzelne dieser Handlungen ausführen. Einige von ihnen sind vielleicht nicht einmal besonders gut für Sie geeignet. Diese Tipps sind eher als Anregungen und Hinweise gedacht. Lassen Sie sich von ihnen inspirieren, Ihre positiven Gewohnheiten zu entwickeln.

Ein Tagebuch führen

Das Schreiben eines Tagebuchs ist eine hervorragende Möglichkeit, den gesamten Prozess der Selbstreflexion zu erleichtern. Sie können es als Nachschlagewerk und Gedächtnisstütze verwenden. Wenn Sie das Geschriebene einige Tage nach dem Ereignis lesen, können Sie besser darüber nachdenken, was passiert ist und wie Sie sich in diesem Moment gefühlt haben. Das wird Sie davor bewahren, den Schmerz, den Sie in der Vergangenheit empfunden haben, zu bagatellisieren und kleinere Ereignisse zu überdramatisieren. Wenn Sie also schreiben, denken Sie daran, sowohl aufzuschreiben, was passiert ist, als auch, was Sie fühlen. Wenn Sie sich diese Gewohnheit angewöhnen, können Sie auch Ihre Gefühle besser erkennen (etwas, womit viele abhängige Persönlichkeiten Schwierigkeiten haben).

Etwas Kreatives tun

Kreative Tätigkeiten können sehr therapeutisch und entspannend sein. Sie können auch dazu beitragen, dass Sie Ihren unterbewussten Gefühlen Ausdruck verleihen können. Wenn du nicht weißt, wie du deine Gefühle in Worte fassen sollst (oder dir selbst nicht sicher bist, was du fühlst), kann eine kreative Tätigkeit dir helfen, diese Gefühle auf andere Weise zu verarbeiten. Außerdem kommt am Ende etwas Cooles dabei heraus. Egal, ob es sich um Kunst, Handwerk oder ein Heimwerkerprojekt handelt, nimm dir jede Woche die Zeit, etwas Kreatives zu machen. Wer weiß? Vielleicht entdeckst du ja ein paar verborgene Talente in dir. Zumindest werden Sie einige verborgene Gefühle entdecken.

Halten Sie sich von Negativität und negativen Menschen fern

Negative Menschen können Ihrem Selbstwertgefühl und Selbstvertrauen schaden. Du musst dich von Menschen fernhalten, die dich runterziehen und dein Handeln ständig in Frage stellen. In einer gesunden Freundschaft ziehen sich zwei Menschen gegenseitig hoch, wenn sie das Gefühl haben, dass der andere etwas nicht richtig macht. Doch negative Menschen stellen andere oft aus ganz anderen Gründen in Frage. Versuchen Sie, den Kontakt mit solchen Menschen zu begrenzen.

Entwickeln Sie eine positive Einstellung

Sie beginnen einen neuen Lebensabschnitt, also versuchen Sie, eine neue positive Einstellung zu entwickeln. Oft hören wir auf diese negative Stimme in unserem Kopf. Wenn Sie sich selbst etwas Negatives oder Abwertendes sagen hören, versuchen Sie es umzudrehen und mit etwas Positivem zu antworten. Wenn Sie sich vor etwas Neuem drücken, das Sie aus Ihrer Komfortzone herausführt, versuchen Sie, die Situation ohne Vorurteile und vorschnelle Annahmen anzugehen. Drehen Sie die Sache stattdessen um und gehen Sie unvoreingenommen an neue Situationen heran.

Wir alle scheitern irgendwann in unserem Leben. Anstatt Misserfolge als schlechte Erfahrung zu betrachten, sollten Sie versuchen, sie positiv zu sehen. Scheitern ist nichts Schlechtes, und es definiert Sie nur, wenn Sie es zulassen. Fassen Sie sich ein Herz und machen Sie weiter. Gestehen Sie sich ein, dass manche Ereignisse im Leben einfach außerhalb unserer Kontrolle liegen. Nehmen Sie aus den Erfahrungen, was Sie können, und lernen Sie daraus. Je schneller Sie Misserfolge akzeptieren, desto leichter fällt es Ihnen, zu besseren Aktivitäten überzugehen.

Die meisten Menschen sind wirklich liebenswert

Wenn Ihnen jemand ein Kompliment macht, widerstehen Sie dem Drang, ihm zu widersprechen, und bringen Sie sich stattdessen bei, danke zu sagen. Die Menschen sind nicht abgeneigt, abwertend zu sein; denken Sie daran, dass sie wollen, dass Sie sich gut fühlen.

Machen Sie sich jeden Tag ein Kompliment

Versuchen Sie, etwas zu finden, das Sie gut gemacht haben, oder etwas, das Ihr Aussehen lobt. Zum Beispiel: "Diese Jacke steht mir sehr gut" oder "Ich habe gestern hart an diesem Projekt gearbeitet". Wenn Sie lernen, sich selbst zu lieben, ist das für Ihr allgemeines Wohlbefinden sehr wichtig.

Übernehmen Sie die Verantwortung für Ihre Gefühle und erkennen Sie an, dass Sie allein für sie verantwortlich sind

Der Ausstieg aus einer ko-abhängigen Beziehung kann eine steile Lernkurve sein. Es ist schwer zu begreifen, dass nur Sie für Ihre eigenen Gefühle verantwortlich sind und nicht für die Gefühle anderer Menschen. Aber Sie müssen lernen, für sich selbst zu sorgen und andere entscheiden zu lassen, was für sie richtig ist. Sie sind nicht für alles verantwortlich, was in der Welt passiert, und auch nicht für die Reaktionen anderer. Denken Sie einfach daran, dass Sie zu sehr damit beschäftigt sind, sich um Ihre emotionale Gesundheit zu kümmern, als dass Sie sich in die eines anderen einmischen könnten.

To-Do-Listen erstellen

Das mag vielleicht etwas aus der Luft gegriffen erscheinen, aber Aufgabenlisten können mehr helfen, als Sie denken. Machen Sie jeden Morgen (oder jeden Abend, bevor Sie ins Bett gehen) eine Aufgabenliste für den Tag. Nehmen Sie sowohl die großen, wichtigen Aufgaben als auch die kleinen Dinge auf. Markieren Sie jede Aufgabe, die Sie im Laufe des Tages erledigen, auf Ihrer Liste. Dies ist eine positive Angewohnheit, die Ihnen helfen wird, besser zu erkennen, wie viel Sie an einem Tag erledigen können. Es ist schön, sich nach einem langen Tag hinzusetzen und auf eine lange Liste voller erledigter Aufgaben zu schauen. Ganz gleich, ob es darum geht, einen Gedanken zu äußern, Nein zu sagen, ein neues Hobby zu finden oder an einem anderen Schritt zu arbeiten - wenn Sie den Tag mit dem ausdrücklichen Vorsatz beginnen, wie Sie an Ihrer Genesung arbeiten wollen, werden Sie auf dem richtigen Weg bleiben und die Fortschritte bemerken, die Sie machen. Denken Sie darüber nach: Nach einer Woche werden Sie sieben Ziele erreicht haben, die Ihrer Genesung dienen. Zählen Sie diese sieben Ziele zusammen, und Sie sind Ihrer Genesung ein großes Stück näher gekommen.

Etwas Schönes bemerken

Nehmen Sie sich jeden Tag die Zeit, innezuhalten und etwas Schönes oder Angenehmes zu bemerken. Das kann ein Sonnenuntergang sein, ein niedlicher Hund, ein unglaublich kunstvolles Graffiti oder auch nur ein besonders gut belegtes Sandwich, das Sie zu Mittag gegessen haben. Denken Sie einfach daran, innezuhalten und sich einen Moment Zeit zu nehmen, um anzuerkennen, wie schön es ist, und es ohne jeglichen Druck von außen zu genießen. Dies ist Ihr kleiner Moment des Genusses und der Ruhe, den Sie ganz allein und ohne andere genießen können.

Anerkennen und Verwirklichen

Denken Sie jeden Abend vor dem Einschlafen an mindestens eine Sache, die Sie an diesem Tag erreicht haben. Das kann das Erreichen eines kleinen Erholungsziels sein, das Sie sich gesetzt haben, oder das Abhaken aller Punkte auf Ihrer Aufgabenliste. Egal wie groß oder klein, jede Leistung zählt. Wenn Sie schlafen gehen, können Sie diese Zeit nutzen, um das Erreichte zu würdigen. Wenn Sie mehr als eine Errungenschaft in Betracht ziehen können, sollten Sie das tun. Aber denken Sie immer an mindestens einen Triumph Ihres Tages.

Ein Traumtagebuch führen

Schreiben Sie jeden Morgen, sobald Sie aufwachen, alles auf, woran Sie sich aus Ihren Träumen erinnern können. Das kann Spaß machen und erhellend sein. Ein Traumtagebuch hilft Ihnen, mit Ihrem Unterbewusstsein und all den unausgesprochenen Gefühlen, mit denen Sie zu kämpfen haben, besser in Kontakt zu kommen. Außerdem kann es ein spannender Zeitvertreib sein, alle Träume der letzten Nächte durchzulesen. Achten Sie beim Durchlesen auf gemeinsame Symbole oder Themen. Sie können Ihr Traumtagebuch auch mit Ihrem normalen Tagebuch vergleichen, um zu sehen, was in Ihrem Leben Ihre Träume beeinflussen könnte. Nehmen wir an, Sie fühlen sich nicht wie ein Experte für Traumdeutung. In diesem Fall können Sie Ihr Traumtagebuch (und Ihr normales Tagebuch) zu Ihrem Therapeuten bringen, um dessen Gedanken und Meinungen einzuholen.

Vermeiden Sie es, sich direkt in eine neue Beziehung zu stürzen

Nehmen wir an, Sie haben gerade eine kodependente Beziehung verlassen und stürzen sich direkt in eine neue Romanze, ohne sich vorher etwas Zeit zu nehmen, um zu heilen und Ihre emotionale Gesundheit von Grund auf wiederherzustellen. In diesem Fall werden Sie wieder in den zwanghaft-obsessiven Kreislauf der Co-Abhängigkeit hineingezogen. Irgendwann in der Zukunft wird der Zeitpunkt kommen, an dem Sie sich bereit fühlen, neu anzufangen und sich der Möglichkeit einer weiteren intimen Beziehung zu öffnen. Wenn Sie jedoch aus einer kodependenziellen Beziehung Heilung gefunden haben, kann der Gedanke, eine neue Beziehung einzugehen, erschreckend erscheinen. Sich von der Co-Abhängigkeit zu lösen bedeutet nicht, sich nie wieder auf eine Affäre einzulassen oder eine Beziehungsphobie zu entwickeln; stattdessen bedeutet es, dass Sie sich Zeit nehmen können, um einen Partner zu finden, der zu Ihnen passt.

Wenn Sie erwägen, eine neue Beziehung einzugehen, denken Sie objektiv und neutral über Ihre grundlegenden Gründe nach, mit jemandem zusammen zu sein. Haben Sie das Bedürfnis, den Retter zu spielen? Kämpfen Sie mit Ihrer neuen Identität oder haben Sie das Gefühl, dass Sie keine Bestätigung haben, wenn Sie nicht in einer Beziehung sind? Sind Sie einfach nur in die Idee verliebt, verliebt zu sein? Dies können deutliche Anzeichen dafür sein, dass Sie noch nicht so weit sind und sich noch mehr anstrengen müssen, um nicht in alte Verhaltensweisen zurückzufallen.

Startup-Sparen für etwas, das Sie wollen

Selbst wenn Sie nicht viel Geld zur Seite legen können, kann dies eine perfekte Übung sein. Wenn Sie auf ein konkretes langfristiges Ziel wie einen Urlaub oder ein neues Kleid hinarbeiten, können Sie emotionale Stärke und Ausdauer entwickeln. Selbst wenn Sie nur das Kleingeld des Tages in ein Glas legen, sollten Sie anfangen, Geld zu sparen. Und fangen Sie an, es für ein klares Ziel zu sparen.

Auch wenn es Ihnen unangenehm ist, jemandem zu sagen, wofür Sie sparen, können Sie dennoch Ersparnisse bilden und Ihr Ziel kennen. Es sollte allerdings ein langfristiges Ziel sein, wie z. B. ein Traumurlaub oder auch nur ein einigermaßen teures Schmuckstück oder ein anderer Gegenstand, den Sie sich wünschen. Zum Aufbau emotionaler Stärke gehört auch, dass Sie lernen, verspätete Belohnungen und langfristige Belohnungen zu schätzen. Das Sparen für Dinge, die Sie sich in der Zukunft wünschen, kann Ihnen helfen, diese Fähigkeit zu entwickeln.

Mit diesen Tipps und Tricks im Hinterkopf sind Sie bereit, Ihre Reise zur Selbstheilung zu beginnen. Dies ist eine der mutigsten und inspirierendsten Entscheidungen, die Sie treffen konnten, also beglückwünschen Sie sich selbst, dass Sie so weit gekommen sind und beschlossen haben, dass es Zeit ist, sich zu ändern. Das wird Sie motivieren und gesund halten, während Sie den Prozess durchlaufen.

KAPITEL 15. SCHRITTE ZUR EROBERUNG DER FREIHEIT

Das Wort perfekt ist abstrakt. So wie der eine ein bestimmtes Etwas braucht, empfindet der andere Glückseligkeit durch andere Dinge. Um Ihnen dabei zu helfen, zu erkennen, wovon Sie Euphorie bekommen, möchte ich Sie bitten, die Handlungen, für die Sie jeden Tag dankbar sind, aufzuschreiben, da diese Ihnen helfen werden, Ihre Situation von einem zunehmend positiven Standpunkt aus zu bewerten. Schauen Sie sich Ihre Liste der Wertschätzung jeden einzelnen Tag an, wenn Sie sich bemühen, ein positives Gefühl für Ihre Identität zu entwickeln. Werfen Sie einen Blick auf jeden Umstand, der Ihnen Sorgen bereitet, und arbeiten Sie die verschiedenen Situationen heraus, die Sie dazu bringen können, sich in den perfekten Menschen zu verwandeln. Wie wäre es, wenn wir Ihnen ein Modell vorführen:

Sie haben heute sehr viel Hausarbeit zu erledigen. Sie fühlen sich überfordert. Außerdem ist Ihnen klar, dass Sie in diesem Monat nicht genügend Geld haben werden, um die Rechnungen zu begleichen. Das ist Ihre momentane Situation in der Zeit. Was könntest du tun, um sie zu verändern?

1. Erledigen Sie die Hausarbeit schnell, damit Sie mehr Energie für sich selbst haben.

2. Setzen Sie sich ein Ziel und halten Sie es ein, soweit es die Hausarbeit betrifft.

3. Üben Sie die Tätigkeiten aus, von denen Sie wissen, dass man sie zur Kenntnis nehmen wird.

4. Schauen Sie sich Ihre tatsächliche finanzielle Situation an, damit Sie nicht wegen etwas gestresst sind, das eigentlich gar nicht so schlimm ist.

5. Überlegen Sie, wie Sie ein wenig Geld sparen können, um Ihre Rechnungen zu bezahlen.

6. Denken Sie an andere, denen es viel schlechter geht und die kein Dach über dem Kopf haben.

7. Denken Sie daran, dass Sie sich glücklich schätzen können, ein Zuhause zu haben.

Man muss im Alltag seine ganz eigenen Lösungen für seine Probleme finden, nur muss man zu Entscheidungen kommen, die einem helfen, nicht so sehr voneinander abhängig, sondern freier zu sein. Nicole befand sich zum Beispiel in der gleichen Situation, wie sie zuvor beschrieben wurde. Sie betrachtete sich im Allgemeinen als unbedeutend. Ihr erstes Bedürfnis war ihre bessere Hälfte, die ein Medikamentenfanatiker war. Alles drehte sich um ihre Neigung. Sie hatte kein Geld mehr. Was sie nicht sah, war, dass es denkbar war, die Rechnungen zu begleichen, indem sie einfach etwas anderes von ihren Ausgaben abzog. Sie war eine großartige Köchin und fand heraus, wie man mit einem strikten Ausgabenplan himmlische Mahlzeiten zubereiten und genug Geld beiseite legen konnte, damit die Rechnungen bezahlt werden konnten, ohne dass ihre bessere Hälfte merkte, dass sie sich zurückgehalten hatte. Sie begann das Kochen wirklich zu schätzen und schöpfte aus der Autonomie, die es ihr gab, ebenso wie aus der Möglichkeit, dies ihrer besseren Hälfte zu vermitteln, eine große Erfüllung. Was die Hausarbeit betraf, so gab sie sich selbst eine bestimmte Zeit, in der sie die Hausarbeit erledigte, damit sie Zeit für sich selbst übrig hatte. Das war eine Unregelmäßigkeit. Dabei machte sie sich selbst klar, dass das, was bis zu einer bestimmten Zeit nicht erledigt war, an einem anderen Tag nachgeholt werden würde. Sie setzte sich Ziele für kritische Dinge und erledigte diese; sie war jedoch wirklich schockiert, dass sie mehr schaffte, als sie vereinbart hatte.

Ständig bekommt man Schwierigkeiten. Ständig bekommt man die Gelegenheit, das Leben auf eine bessere Art und Weise zu bewältigen, die einem mehr gibt, und es ist nicht verkehrt, diese Anstrengung für sich selbst beiseite zu legen. Ihr müsst eure Kameradschaften entwickeln. Du musst das perfekte Selbst finden, das im äußeren Kreis liegt, und wenn du das tust, beginnst du, dich geerdeter und zunehmend positiv über dich selbst zu fühlen. Solange Sie in gegenseitiger Abhängigkeit leben, werden Sie Ihre eigenen Bedürfnisse im Allgemeinen hinten anstellen, und das wird nie zu Ihrer Zufriedenheit beitragen. Sie werden am Ende verabscheuen, wozu Sie sich gezwungen fühlen, aber das ist nur Ihre Co-Abhängigkeit, die Sie antreibt. Für den Fall, dass Sie Ihr eigenes Selbstvertrauen entwickeln, indem Sie sich ein wenig Freude erlauben (und dabei wenig auf die Bedingungen achten, in denen Sie sich befinden), können Sie Ihrer Angebeteten wirklich mehr geben, da die Zufriedenheit überprüft wird. Glückliche Menschen geben mehr. Werfen Sie einen Blick auf die Beziehung, die Sie mit glücklichen Menschen haben, und Sie werden feststellen, dass Sie ihre Besuche nicht fürchten. Du fühlst dich nicht schrecklich wegen ihrer Inspiration. Wenn Sie fröhlich sind, werden die Menschen auch so über Sie denken.

Niemand außer Ihnen selbst kann Ihnen in dieser Situation helfen. Natürlich gibt es Ratgeber, die auf diesem Gebiet Meister sind, doch in diesem Buch geht es um Sie und darum, was Sie selbst tun können, um Ihre Begleitung wiederzuerlangen:

- Stolz auf sich selbst.
- Glück in deinem Herzen.
- Dankbarkeit für Ihr Leben.
- Liebe zu sich selbst.

Was Sie vielleicht nicht verstehen, ist, dass Co-Abhängigkeit Leben zerstört, und es ist nicht nur Ihr Leben, das zerstört wird. Sie ist schädlich und verändert Ihre allgemeine Sichtweise auf das Leben und Ihre Beziehungen und bringt so viel Jammer, Mutlosigkeit und Schärfe hervor. Wenn ihr herausfindet, wie ihr euch selbst wertschätzen könnt, könnt ihr weitergehen und ein freudigeres Leben führen und euren Lieben mehr bieten, als ihr es jemals könntet, wenn ihr euch an das Bedürfnis klammert, anderen zu gefallen. Wage dich aus den Windungen, die dein Leben zerstören, und fange an, darüber hinwegzusehen.

Ich möchte, dass Sie zu Teil zwei zurückkehren und einen Blick auf die Aktivität werfen, bei der Sie die kleinen Aktivitäten auswählen müssen, die Sie in Ihrem Leben tun müssen. Das können winzige Fortschritte sein. Sie müssen keine kolossalen Ereignisse sein. Möglicherweise verweigern Sie sich Vergnügungen, weil Sie glauben, dass Sie sie nicht verdient haben. Das ist Blödsinn, aber Sie akzeptieren es. Gerade jetzt ist eine ideale Gelegenheit, sich aus dieser Knechtschaft zu befreien. Hören Sie auf, es sich selbst anzutun, und sorgen Sie dafür, dass Sie regelmäßig mindestens eine Handlung ausführen, die Ihre Entscheidung ist. Das könnte etwas so Einfaches sein wie:

- Ich gönne mir einen Pfirsich.
- Ich wasche meine Haare und verwende eine Spülung.
- Ich ziehe meine angenehmen Kleider an.

- Den Telefonhörer in die Hand nehmen und ein Gespräch mit einem lieben Menschen führen.
- Ich kaufe mir eine Menge Blüten.
- Viele Weintrauben zu essen.
- Ich probiere eine andere Augenkosmetik aus.
- Yoga praktizieren.
- Tanzen nach den Bewegungen in einem Video.

Sie haben nur eine Chance in diesem Leben, und es muss keine Plackerei sein. Hören Sie auf, sich zu Tätigkeiten zu zwingen, die Sie verachten, und gönnen Sie sich zwanzig Minuten pro Tag, um etwas zu tun, was Sie tun müssen. Sie müssen Ihr perfektes Ich wiederentdecken, und das werden Sie nie tun, solange Sie von einander abhängig sind. Ihr Leben dreht sich nicht um das Leben eines anderen Menschen. Es mag sich mit dem Leben einer anderen Person verflechten, aber jeder Mensch ist eine Insel, und diese Insel berücksichtigt den Spaß hier und da, einfach als Verpflichtung.

Wenn das die Art und Weise ist, in der Sie sich gegenwärtig sehen, ist dies eine ideale Gelegenheit, Ihre Perspektive zu ändern. Sie haben das Gefühl, dass Sie Ihren Freunden und Ihrer Familie helfen müssen, doch was zählt, ist, dass eine von Ihnen abhängige Person bereit ist, ein Verhalten zu ertragen, das Ihrem Wohlstand entgegensteht. Das ist bedauerlich, aber es bringt Ihnen kein Schulterklopfen bei der Person, für die Sie diese Buße tun. Machen Sie ihn sprachlos, indem Sie herausfinden, wie Sie sich selbst wertschätzen können.

KAPITEL 16. AUFBAU GESUNDER UND GLÜCKLICHER BEZIEHUNGEN

Erfolgreiche Beziehungen haben mehrere Dinge gemeinsam. Zum einen beruhen sie nicht allein auf Liebe. Sie lieben Ihren Partner, Ehepartner oder die wenigen wichtigen Menschen in Ihrem Leben, aber es gibt noch viel mehr zu tun, damit diese Beziehung ein Erfolg wird.

Kommunikation ist das Nonplusultra

Der wichtigste Faktor für eine gesunde Beziehung ist die Kommunikation. Großartige Beziehungen können ohne sie einfach nicht existieren. Es gibt keine andere Möglichkeit. Viele Probleme können entstehen, weil zwei Menschen nicht gut genug miteinander kommunizieren. Wenn es an einer guten Kommunikation mangelt, kommt es leicht zu Missverständnissen. Wenn es zu Missverständnissen kommt, folgen schnell Emotionen wie Frustration, Ärger, Verärgerung, Irritation und mehr. Sie könnten verärgert oder sogar wütend sein, wenn Sie glauben, dass Sie falsch informiert wurden, während die andere Person frustriert und verärgert sein könnte, dass Sie missverstanden haben, was sie gesagt hat. Sie müssen sich wohl fühlen, wenn Sie den Menschen, die Sie lieben, sagen, was Sie fühlen. Wenn das nicht der Fall ist, wird die Beziehung immer in irgendeiner Weise wackelig sein. Eine tiefe, bedeutungsvolle Beziehung kann nicht entstehen, wenn Sie immer einen Teil von sich selbst zurückhalten.

Vergebung üben

Wenn man jemanden liebt, sollte das wichtiger sein als alles andere. Liebe sollte wichtiger sein als das Festhalten an Groll oder Wut. Liebe sollte wichtiger sein als das letzte Wort zu haben. Wenn du behauptest, dass du jemanden liebst und dich um ihn sorgst, sollte das Vorrang vor jedem belanglosen Streit oder jeder Meinungsverschiedenheit haben. Nichts ist es wert, sich mit den Menschen, die man liebt, zu streiten, und absolut nichts ist es wert, dass man an seinem Ärger festhält. Denken Sie daran, dass jedes Mal, wenn Sie eine Meinungsverschiedenheit haben, eine oder beide Personen in der Beziehung verärgert sind. Gefühle werden verletzt, und vielleicht werden Worte gewechselt, die nie wieder zurückgenommen werden können. Sobald ein Wort oder ein Satz gesagt wurde, ist er für immer in der Öffentlichkeit. Manchmal reicht keine Entschuldigung aus, um die Erinnerung und den Schmerz über die verletzenden Worte vollständig auszulöschen.

Ob Sie es glauben oder nicht, der Kampf mit der Vergebung ist keine ungewöhnliche Situation. Viele Menschen kämpfen mit der Vergebung, auch wenn sie es nicht merken, bis sie ernsthaft darüber nachgedacht haben. Gandhi sagte einmal, dass "Vergebung etwas ist, das den Starken zugeschrieben wird". Damit hatte er absolut Recht. Vergebung ist eines der mächtigsten Werkzeuge, die Sie besitzen können, um Ihr Ego leichter loszulassen. Mit der Zeit werden Sie nicht nur die Fähigkeit erlangen, anderen zu vergeben, wenn Sie Ihr Ego loslassen, sondern Sie werden auch lernen, sich selbst zu verzeihen. Sie werden lernen, sich selbst zu akzeptieren, und Sie werden lernen, wie Sie viel glücklicher sein können, wenn Sie all den Ärger loslassen, der in Ihnen schlummert.

Wenn Sie wollten, könnten Sie jemandem verzeihen. Denn Sie haben immer eine Wahl, es geht nur darum, ob Sie diese Wahl treffen wollen oder nicht. Wenn wir uns entscheiden, nicht sofort zu vergeben, dann liegt das meistens daran, dass wir noch immer Wut in unserem Herzen tragen. Wenn es eine Emotion gibt, von der Sie lernen sollten, sie schnell loszulassen, dann ist es Ärger. Wenn es eine Emotion gibt, die in jedem Menschen vorhanden ist, dann ist es Wut. Sie wird als eine unserer Kernemotionen betrachtet, so wie Glück. Sie kommt sogar bei den besten Menschen vor. Wut ist zwar eine natürliche Emotion, aber sie wird zum Problem, wenn sie häufiger auftritt als sie sollte, insbesondere in romantischen Beziehungen. Noch problematischer wird es, wenn einer oder beide Partner sich weigern, die Wut loszulassen und darüber hinwegzukommen. Hatten Sie schon einmal Momente, in denen Sie sich an einen Streit oder eine Konfrontation erinnert haben, und der bloße Gedanke daran lässt Ihr Blut wieder in Wallung geraten? Das ist es, was Wut bewirken kann. Er führt dazu, dass man an seinem Groll festhält, und macht es schwer, zu vergeben, loszulassen und weiterzugehen. Anhaltende Wut in einer Beziehung, nicht nur in einer romantischen, kann zu Unzufriedenheit führen, dazu, dass man jahrelang nicht mehr miteinander spricht, und dazu, dass Beziehungen wegen Dingen, die es oft gar nicht wert sind, ruiniert werden. Das Problem mit der Wut mancher Menschen ist, dass es ihnen schwer fällt, loszulassen.

Als Kernemotion ist Wut für sich genommen kein großes Problem. Sie wird erst dann zum Problem, wenn sie zu häufig auftritt und es uns schwerfällt, sie loszulassen. Wut wird zum Problem, wenn es Ihnen schwer fällt, sie loszulassen, selbst bei den kleinsten Problemen, und Sie sie in sich brodeln und kochen lassen, bis Sie wieder einmal explodieren und sich an Ihren Lieben vergreifen. Wut wird zu einem Problem, wenn es Ihnen schwer fällt, eine glückliche, bedeutungsvolle Beziehung zu führen, weil Sie sich ständig ärgern, frustriert, verärgert und vielleicht sogar bissig sind, selbst bei den kleinsten Details. Sie fühlen sich frustriert und manchmal deprimiert, weil Sie Ihre Wut unterdrückt haben und sich dessen nicht einmal bewusst sind. Aufgrund dieser Wut hegen Sie lange Zeit einen Groll, und es kann vorkommen, dass Sie deswegen tagelang oder wochenlang nicht mit Ihrem Partner sprechen. Es fällt Ihnen schwer, Ihre Wut auf gesunde Weise auszudrücken, und Sie ziehen es vor, sie in sich aufzustauen, was zu anderen emotionalen Problemen führt. Andere Menschen haben Ihnen gesagt, dass Sie ein Wutproblem haben, insbesondere Ihre Angehörigen. Sie sind aufgrund Ihrer Wutprobleme immer pessimistisch und negativ eingestellt.

Eine gute Beziehung kann entstehen, wenn beide Partner sich bemühen, Vergebung zu üben. Es ist wichtig zu erkennen, dass all die Dinge, über die man sich ärgert, die Dinge, über die man einen Groll hegt, es nicht wert sind. Was es jedoch wert ist, ist Ihr Partner. Die Person, die Sie lieben; die Person, die für Sie da ist. Das ist es, was zählt, nicht Ihr Ärger. Und es lohnt sich ganz sicher nicht, jemanden, den Sie lieben, aus Wut zu verlieren. Wenn Sie sagen, dass Sie ihnen verzeihen, dann sagen Sie es und meinen Sie es. Sagen Sie es nicht, um sagen zu können, dass Sie dem anderen gesagt haben, dass Sie ihm verzeihen können, und trotzdem sind Sie innerlich immer noch wütend auf ihn. Wenn du die Menschen, die du liebst, verstehst und dich in Empathie übst, wird es viel leichter sein, ihnen zu verzeihen. Wütend werden ist leicht. Aber Vergebung? Nun, das ist eine andere Geschichte. Es erfordert große innere Stärke, zu vergeben und die größere Person zu sein, und es wird eine Menge Arbeit erfordern, aber es wird sich lohnen. Es ist eine Entscheidung, die nur Sie treffen müssen. Es hilft, sich daran zu erinnern, dass es sich um jemanden handelt, den man liebt, und das allein sollte schon Grund genug für die Vergebung sein.

Vergebung erfordert ein großes Herz, Einfühlungsvermögen und Mitgefühl. Es wird nicht immer leicht sein, jemandem zu vergeben, wenn man das Gefühl hat, dass er einen zutiefst verletzt hat, aber ist es möglich? Ja, es ist möglich.

Die fünf Sprachen der Liebe verstehen

Jemanden zu lieben, kann nicht passiv geschehen. Gary Chapman ist ein Beziehungstherapeut, der ein ausgezeichnetes Konzept entwickelt hat. Dies ist eine ausgezeichnete Gewohnheit, an der Sie gemeinsam mit den Menschen, die Sie lieben, arbeiten sollten, wenn Sie gesunde Beziehungen entwickeln wollen. Die Fünf Liebessprachen lehren uns, wie wir Liebe mit Bewusstsein, Wärme und Liebe geben und empfangen können. Sie erinnern uns daran, dass Liebe eine aktive Angelegenheit ist, für die man sich anstrengen muss, wenn man sie erfolgreich gestalten will. In seinem Buch hebt Chapman hervor, dass die fünf Sprachen der Liebe Worte der Bestätigung, Geschenke, Taten des Dienens, körperliche Berührungen und die gemeinsam verbrachte Zeit sind.

Um die Sprache der Liebe zu praktizieren, müssen Sie sich selbst und die Person, mit der Sie zusammen sind, verstehen. Manche Menschen reagieren vielleicht besser auf körperliche Berührungen als ihre Sprache der Liebe, während andere vielleicht lieber einen Dienst erweisen oder mehr Zeit miteinander verbringen. Sie müssen herausfinden, was die Sprache der Liebe bei den verschiedenen Menschen ist, die Ihnen wichtig sind. Sie müssen auch darüber nachdenken, was ihre Prioritäten sind und wie Sie auf der Grundlage dieser Prioritäten mit den fünf Liebessprachen auf sie reagieren können.

Einander respektieren

Das versteht sich von selbst. Wenn Sie jemanden nicht respektieren, ist es unwahrscheinlich, dass Sie ihn so behandeln, wie er es verdient. Das liegt daran, dass Ihnen die Person nicht wichtig genug ist, um sich die Mühe zu machen, und das ist die Wahrheit. Sie brauchen sich nur die Beziehungen anzusehen, die Sie vielleicht mit einem Narzissten oder einem Manipulator hatten. Haben sie Sie mit Respekt behandelt? Wahrscheinlich nicht. Und warum nicht? Weil es ihnen einfach nicht wichtig genug war, es zu tun. In einer Beziehung, egal mit wem, wird es viel schwieriger sein, zusammenzubleiben, wenn man sich nicht gegenseitig respektiert. Respekt ist eine wichtige Gewohnheit, um das Glück zu kultivieren, das Sie in

Ihrer Beziehung suchen. Jedes Mal, wenn Sie Ihrem Partner, Freund, Familienmitglied oder einer geliebten Person gegenüber Respektlosigkeit zeigen, teilen Sie ihnen indirekt mit, dass Sie sie nicht so akzeptieren, wie sie sind. Jeder Mensch ist ein einzigartiges Individuum, genau wie Sie selbst, und ein Teil einer Beziehung besteht darin, andere zu akzeptieren und sie so zu schätzen, wie sie sind. Es geht nicht darum, wie du sie erwartest, sondern darum, sie für die Person zu schätzen, die sie ist, einschließlich ihrer Stärken, Schwächen und allem anderen.

Es kann für Ihre Lieben schwer sein, Sie zu respektieren, wenn Sie ihnen nicht den gleichen Respekt entgegenbringen. Es ist sogar noch wichtiger, in Ihrer Beziehung respektvoll zu sein, wenn Sie miteinander streiten. Viele Menschen ziehen es vor, nicht über Probleme zu sprechen, weil sie keinen Streit riskieren wollen. In der Hitze des Gefechts werden Worte in den Raum geworfen, und oft sind es Worte, die wir später bereuen. Es ist völlig verständlich, dass Sie sich so fühlen, und was Ihnen in dieser Situation helfen wird, ist, sich daran zu erinnern, Ihrem Partner gegenüber immer respektvoll zu sein. Schließlich handelt es sich um jemanden, den Sie lieben, um jemanden, der Ihnen sehr am Herzen liegt, und den Sie unter keinen Umständen verletzen sollten. Es kann nicht oft genug betont werden, wie wichtig es ist, während eines Gesprächs respektvoll zu sein, wenn man den Frieden bewahren will. Wenn Sie Ihren Lieben das Gefühl geben, dass sie respektiert werden, dass ihre Meinung und ihre Ideen geschätzt werden, werden Sie sehen, wie anders die Interaktion sein wird. Verlassen Sie sich auf Ihr Einfühlungsvermögen und versetzen Sie sich in ihre Lage. Wenn sie respektlos mit Ihnen sprechen würden, wären Sie dann geneigt, einfach dazusitzen und weiter zuzuhören, ohne irgendwelche negativen Gefühle zu empfinden? Höchst unwahrscheinlich. In der Tat ist das der schnellste Weg, einen Streit zum Scheitern zu bringen, indem man sich im Gespräch mit dem geliebten Menschen respektlos verhält, denn damit zeigt man ihm, dass einem seine Gefühle völlig egal sind. Respektieren Sie Ihre Liebsten. Behandeln Sie sie so, als ob sie Ihnen ebenbürtig wären und nicht in irgendeiner Weise unter Ihnen stehen.

KAPITEL 17. EIN STARKES SELBSTWERTGEFÜHL ENTWICKELN

Ein geeignetes Gegenmittel gegen manipulatives Verhalten im Allgemeinen ist Eifersucht; sie besteht darin, das Selbstwertgefühl und den Selbstwert zu steigern. Sie ist der wichtigste Faktor, der Sie vor so gut wie allen negativen Gefühlen schützt, die in Ihnen aufkommen und die von anderen ausgehen. Es handelt sich dabei nicht um eine clevere Taktik oder einen Trick, um negative Kommentare abzuwehren, sondern die Steigerung des Selbstbewusstseins trägt dazu bei, die Auswirkungen eifersüchtiger Handlungen von vornherein zu mildern. Es impft Sie dagegen, überhaupt erst unter bösartigem Verhalten zu leiden, denn diese Art von Gefühlen sind in der Regel unbewusste Handlungen, die von Menschen mit geringem Selbstvertrauen oder vorübergehender Verletzlichkeit ausgeführt werden.

Niemand wird wirklich eifersüchtig sein, wenn er sich selbst hochschätzt. In Wahrheit ist nichts wichtiger als das, was man über sich selbst denkt und fühlt; das gilt für Beziehungen ebenso wie für das Leben im Allgemeinen.

Behandeln Sie Ihren inneren Kritiker

Sie haben einen inneren Kritiker, das hat jeder. Wenn Sie diese Stimme zur Kenntnis nehmen, kann sie Ihnen helfen, Dinge zu erledigen oder Dinge zu tun, die von anderen akzeptiert werden. Aber dieser innere Kritiker kann auch Ihr Selbstwertgefühl zerstören, wenn Sie ihn gewähren lassen. Nehmen wir an, Sie erlauben diesem egoistischen Teil Ihrer Persönlichkeit, außer Kontrolle zu geraten. Es ist nicht gut, sich zu viele Gedanken über Situationen zu machen; ich könnte sogar sagen, dass dies die wesentliche Misere der heutigen menschlichen Zivilisation ist.

Es ist normal, dass Ihre innere Stimme sowohl positive als auch negative Gedanken äußert. Es geht nicht darum, den Lärm auszublenden. Vielmehr geht es darum, zu analysieren, was Sie denken und ob es für Sie von Nutzen ist. Ist dies nicht der Fall, ist es wichtig, sich selbst davon abzuhalten, in den Kaninchenbau negativer und spiralförmiger imaginärer Szenarien zu geraten. Richten Sie diese negativen Gedanken auf etwas Konstruktives und Fröhlicheres aus.

Eine Haltung der Dankbarkeit kultivieren

Früher dachte ich, dass Dankbarkeit um ihrer selbst willen albern sei. Warum sollte ich alles schätzen, was ich jetzt in meinem Leben habe? Meine Ziele waren viel umfangreicher und ehrgeiziger. Würde ich da nicht zu klein denken? Nein! Der Verstand arbeitet so, dass er Ihnen mehr von dem bietet, was Sie gerade erleben. Wenn Sie sich häufig in einem Zustand der Angst und Sorge befinden, raten Sie mal. Ihr Unterbewusstsein wird Ihnen einfach noch mehr Ängste und Sorgen auftischen.

Wenn Sie hingegen im Hier und Jetzt unglaublich schmeichelhaft und dankbar sind, macht sich der Verstand an die Arbeit, um Ihnen mehr davon zu verschaffen! Das Unterbewusstsein kennt nicht den Unterschied zwischen einem tollen Gefühl, weil man im Lotto gewonnen hat, und der Freude, am Leben zu sein. Es arbeitet mit Gefühlen, Emotionen und Vorstellungsbildern.

In dieser Hinsicht ist es eine großartige Übung, sich selbst und jedes einzelne der großartigen Ereignisse in Ihrem Leben, einschließlich Ihrer derzeitigen Beziehung, zu verstehen. Wenn Sie sich gut fühlen und dankbar sind für die Dinge, die Sie haben, ob groß oder klein, hat Ihr Verstand keinen Platz mehr für negative Gedanken.

Das meiste Leid, das die Menschen in ihrem Leben erfahren, ist ohnehin eingebildet. Es entsteht aus der Dissonanz zwischen dem, wo sie sind, und dem, wo sie glauben, dass sie gerne sein möchten. Aber das ist ein falscher Horizont. Wenn man nicht stolz auf die Reise sein kann, kann man nie mit dem Ziel zufrieden sein, denn wenn man dort ankommt, gibt es immer etwas, das danach kommt.

Auch hier besteht der Trick darin, jetzt glücklich zu sein. Ich weiß, das klingt zu einfach und ist leichter gesagt als getan, aber es ist die Einstellung, die mir die meiste Freude im Leben gebracht hat, als ich in den ersten Tagen mit meinem Unternehmen zu kämpfen hatte.

Es ist erwiesen, dass die besten Geschäftsleute der Welt dies tun (und alle erfolgreichen Menschen im Allgemeinen). Wenn sie sich gerade an einem Punkt "B" in ihrem Leben befinden, freuen sie sich nicht auf den Punkt "C" und sagen: "Schau, wie weit ich noch reisen muss." Immer, wenn man versucht, dem Ziel hinterherzujagen, verschwindet es weiter im Raum.

Stattdessen erinnern sich diese Menschen an den Punkt "A", an dem sie angefangen haben, und sagen: "Hey, schau mal, wie weit ich gekommen bin!" Dies ist oft eine subtile Veränderung der Einstellung, aber ich verspreche Ihnen, wenn Sie diese eine Anpassung in Ihrem Denken vornehmen, wird sich Ihre gesamte Lebenseinstellung ändern, und zwar zum Besseren. Sie werden sofort anfangen, sich dankbar und zufrieden mit Ihrer derzeitigen Position zu fühlen und weit weniger frustriert darüber sein, dass Sie noch nicht da sind, wo Sie glauben, dass Sie sein sollten. Denken Sie daran, dass Ihr Unterbewusstsein darauf abzielt, Ihnen mehr von dem zu geben, was Sie im Moment fühlen. Wenn Sie im Überfluss glücklich und dankbar sind für das, was in Ihrer gegenwärtigen Existenz ist, wird es weitere solche Situationen finden, die es Ihnen bringen kann.

Mein früherer Geschäftspartner parkte sein Auto jede Woche vor seinem Lieblingsrestaurant in der Stadt. Er konnte jedoch nie verstehen, warum der Parkwächter sein Auto immer zwei Blocks entfernt abstellte und nicht auf der anderen Straßenseite, wie er es angewiesen hatte. Er war so frustriert, dass er jedes Mal 5 Minuten länger laufen musste, um sein Auto zu finden, dass er fast wütend wurde. Er fragte mich, was er dagegen tun solle, denn er hatte bemerkt, dass ich in ähnlichen Situationen viel ruhiger war.

Ich bat ihn einfach, einen Moment darüber nachzudenken. Was wäre er lieber: ein gut bezahlter Geschäftsmann, der jede Woche die Möglichkeit hat, seinen Spitzen-BMW in seinem Lieblingsrestaurant zu parken, aber jedes Mal fünf Minuten länger warten muss, wenn er es verlässt? Oder der Typ, der Autos parken muss und von Trinkgeldern leben kann? Seine Sicht der Dinge änderte sich sofort. "Du hast Recht", antwortete er, "was habe ich mir nur dabei gedacht? Ich werde dem Kerl von jetzt an eine Chance geben."

Dinge schriftlich festhalten

Sie können auch in einem Tagebuch aufschreiben, was Sie an sich selbst mögen, die positiven Eigenschaften, die Sie haben, und die Situationen, die sie beeinflussen. Wenn Sie sich niedergeschlagen fühlen, wenn der Tag nicht so läuft, wie Sie es sich erhofft haben, oder wenn sich negative Gedanken in Ihren Kopf einschleichen, nehmen Sie Ihr Tagebuch heraus und lesen Sie es erneut. Sie können diese Liste täglich aktualisieren oder immer dann, wenn Sie etwas Neues und Positives an sich entdecken. Es ist gut, den Tag damit zu beginnen, diese Aussagen durchzugehen, da sie ein wenig wie Affirmationen wirken. Pflegen Sie die positiven Emotionen, die mit diesen Eigenschaften oder Ereignissen verbunden sind, und erlauben Sie sich, sie im Hier und Jetzt wieder zu spüren. Denken Sie daran, dass das Gehirn nicht in der Lage ist, zwischen Emotionen zu unterscheiden, d. h. das Ereignis kann jetzt, vor zehn Jahren oder weit in der Zukunft stattfinden!

Hören Sie auf, ein Perfektionist zu sein

Ständig nach Perfektion zu streben, ist oft sehr destruktiv. Ähnlich wie negative Gedanken kann Perfektionismus Sie davon abhalten, Dinge zu erledigen, weil Sie Angst haben, den hohen Ansprüchen, die Sie an sich selbst stellen, nicht gerecht zu werden. Dieses Verhalten kann auch in Zögern enden und dazu führen, dass Sie nicht die erwarteten Ergebnisse erzielen. Dieser Weg kann Ihr Selbstwertgefühl zum Einsturz bringen, wenn Sie es zulassen. Versuchen Sie, diese Änderungen in Ihrem Denken vorzunehmen, um den Perfektionismus zu überwinden:

Streben Sie danach, gut genug zu sein. Hören Sie auf, Perfektion anzustreben; denken Sie daran, dass niemand perfekt ist. Wenn Sie ständig nach Perfektion streben, werden Sie keine Aufgabe zu Ende bringen, weil Sie entweder auf den richtigen Zeitpunkt warten oder so lange an der Aufgabe arbeiten, bis sie fehlerfrei erscheint (was nie geschehen wird).

Das Streben nach Perfektion wird Ihnen am Ende des Tages nur schaden. Erinnern Sie sich daran, dass das Leben kein Märchen ist, das immer mit einem glücklichen Ende endet. Lernen Sie, mit Ihren Erwartungen umzugehen, denn das ist in den meisten Fällen die Realität. Sie haben es geschafft, mit allem fertig zu werden, was das Leben Ihnen bis jetzt zugeworfen hat. Woher ich das weiß? Weil Sie noch am Leben sind und dies heute lesen. Die wirklichen Schicksalsschläge im Leben kann man nie voraussehen, deshalb ist es völlig sinnlos, sich heute über sie Gedanken zu machen. Sie können mit ihnen fertig werden, wie Sie es immer getan haben, also hören Sie auf, sich zu sorgen.

Betrachten Sie Fehler und Misserfolge als Lektionen

Sagen wir einfach, es ist unvermeidlich, dass Sie von Zeit zu Zeit Fehler machen werden. An manchen Tagen werden Sie scheitern. Aber das Tolle an Misserfolgen und Fehlern ist, dass man aus ihnen alle Lehren ziehen kann.

Es wird immer etwas Positives geben, das Sie aus jeder Situation mitnehmen können; Sie müssen nur herausfinden, was das ist. Lernen Sie daraus, verinnerlichen Sie diese Dinge und kommen Sie gestärkt zurück. "Entweder man gewinnt oder man lernt", wie man sagt; dem kann ich nur zustimmen.

Ähnlich wie bei diesem Thema müssen Sie normalerweise etwas Neues ausprobieren. Verlassen Sie Ihre Komfortzone so viel und so oft wie möglich. Dies ist oft der einzig richtige Weg, um sich im Leben zufrieden und erfolgreich zu fühlen. Neue Erfahrungen zu machen und neue Dinge zu lernen, wird sich positiv auf Ihr Selbstvertrauen und Ihr Selbstwertgefühl auswirken.

Es müssen nicht immer große und beängstigende Erfolge sein, sondern nur kleine; schrittweise Fortschritte genügen. Solange Sie sich in die richtige Richtung bewegen, ist das alles, was zählt.

Hören Sie auf, sich mit anderen zu vergleichen

Man wird nie gut genug sein, wenn man sich ständig mit anderen Menschen vergleicht. Sie können nie gewinnen, weil es immer jemanden gibt, der besser ist, oder weil es da draußen noch etwas Wertvolleres zu erreichen gibt. Du stehst immer nur in einem Wettbewerb mit dir selbst, um deine Version von gestern oder vor einem Jahr zu verbessern.

Denken Sie daran, dass Sie immer bei "A" in Erinnerungen schwelgen und sich nicht auf "C" freuen. Schauen Sie sich an, wie weit Sie als Person in Ihrer Entwicklung gekommen sind. Die Menschen sind auf ihrer Reise; lassen Sie sie damit weitermachen. Nur Sie gehen in Ihren Schuhen; seien Sie damit zufrieden und gehen Sie Ihren Weg weiter.

Umgeben Sie sich mit Menschen, die Sie unterstützen

Dieser Weg ist ziemlich offensichtlich, aber die meisten Menschen nehmen diesen Gedanken nicht so sehr zur Kenntnis, wie sie sollten. Es ist ganz einfach: Halten Sie sich nicht mit negativen Menschen auf, die nur sehen, was Sie falsch gemacht haben. Dazu gehören auch eifersüchtige Menschen!

Es heißt, Sie seien eine Mischung aus den fünf Menschen, mit denen Sie normalerweise am meisten zu tun haben. Oder: Zeig mir deine Freunde und ich zeige dir deine Zukunft - so in etwa. Das liegt oft daran, dass wir unser Verhalten auf diese Menschen entsprechend abstimmen. Das gilt für alles, von den Umgangsformen über den Sprachstil bis hin zu der Menge an Geld, die die meisten verdienen. Sie können Ihren Thermostat in allen Kategorien so einstellen, dass er dem Mittelwert dieser Peergroup entspricht.

Versuchen Sie also, sich mit positiven und leistungsstarken Menschen zu umgeben, mit Menschen, die bereit sind, Sie zu unterstützen und Ihnen Auftrieb zu geben. Das ist oft leichter gesagt als getan, wenn es darum geht, Freunde und Familie auszuschließen, aber irgendwo muss man die Grenze ziehen. Seien Sie mit Menschen zusammen, die Sie auffangen, wenn Sie fallen, und Ihnen helfen, wieder auf die Beine zu kommen.

9 781803 434797